KB193661

한국이란 무엇인가

한국이란 무엇인가

김영민

어크로스

차례

2부

한국의 현재

3부

한국의 미래

한국을
다시 생각한다

프롤로그

이제는 대중화된 비행기 타기이지만, 사실 비행기를 처음 타는 체험은 스릴 만점이다. 난생처음으로 지구로부터 꽤나 떨어지는 체험을 하는 것일 테니 말이다. 비행기를 여러 번 타본 사람조차도 이륙 순간에는 다소나마 긴장한다. 승무원들이 통로를 바삐 지나다니며, 안전벨트를 꼭 매라고 당부하고, 거듭 상황을 확인한다. 그만큼 기체가 이륙하는 순간은 평소와는 다른 순간, 익숙했던 환경으로부터 이질적인 환경으로 진입하는 특수한 시간이다. 드디어 기체가 굉음 속에서 사시나무 떨듯이 떨고 시야가 기울었다가, 마침내 저 높이 대기 속으로 진입한다. 어떤 사람은 스릴을, 또 다

9

른 어떤 사람은 고통을 느낄 시간이다.

그러나 이 느낌은 오래가지 않는다. 점차 비행기의 환경에 익숙해지고, 좀 더 시간이 지나면 지금 비행 중인지 여부도 잘 느끼지 못하는 상태가 된다. 급격한 기류 변화만 없다면 이제 다소 멍한 상태에서 비행기의 착륙을 기다리며 시간을 소일하게 될 것이다. 기내식을 먹든지, 기내 영화를 보든지, 꾸벅꾸벅 졸든지 하면서. 그러나 결국에 가서는 "쿵!" 하면서 기체는 지면 위로 다시 착륙한다. 그때 몸은 인지한다. 아, 지금까지 공중에 있었지. 독일어권 작가 막스 프리쉬(Max Frisch)는 《나를 간텐바인이라고 하자》라는 작품에 이렇게 쓴적이 있다. "활주로에 비행기가 닿을 때면 발생하는 통상적인 충격을 나는 기다리고 있다. 그것이 바로 현재다."

인생도 마찬가지다. 우리 모두 한 번은 경험한 인생이라는 비행기 타기. 사실 처음 이 세상으로 태어나는 체험은 스릴 만점이었을 것이다. 처음으로 엄마의 자궁 혹은 그와 비슷한 어떤 곳으로부터 분리되는 체험을 하는 것이니 말이다. 아무리 담력이 강한 사람이라도 출생 순간에는 다소나마 긴장했을 것이 틀림없다. 조산원의 산파 혹은 산부인과 간호사들이 진지한 목소리로 산모에게 여러 가지 격려와 당부를 주고, 거듭 상황을 확인했을 것이다. 그만큼 이 세상으로 진입하는 순간은 평소와는 다른 순간, 익숙했던 엄마 몸으로부터 나와 이질적인 환경으로 진입하는 특수한 시간이다. 마침내 출생의 순간이 오면, 고고(呱呱)의 소리가 터져 나오고, 산모의 고통 속에서 세상으로 입장했을 것이다. 그 과정을 함께한 가족은 기쁨을, 정작 태어난 자신은 어리둥절함을 느꼈을 시간이다.

그러나 이 느낌은 오래가지 않는다. 점차 자신이 태어난 사회 환경에 익숙해진다. 그 사회가 부여한 역사와 문화와 정체성을 받아들여 나간다. 그러다 어느 순간, 자신이 어느 나라에 태어났는지에 따라 누군가는 소위 선진국으로 가고 다른 누군가는 후진국으로 갔음을 깨닫는다. 그리고 자기 부모의 재력에 따라 누군가는 해당 사회의 이코노미 좌석으로 가고, 다른 누군가는 일등석으로 갔음을 깨닫는다. 그 불편한 계급적 깨달음에도 불구하고, 사람들은 일상 속에서 매 순간 자기 처지를 자각하고 싶지는 않다. 옷을 입고 있어도 매 순간 자신이 옷을 입고 있다는 사실을 자각하지는 않듯이, 매 순간 자신의 계급적 처지를 자각하려 들지는 않는다.

먹고살기 위해, 자식을 부양하기 위해 하루하루를 바삐 살아야 하기에, 사람들은 사회적으로 부여된 계급과 정체성과 문화와 역사 속을 그저 비행한다, 아니 유영한다, 아니 포복한다. 자신이 처한 현실이 벌거벗은 현실이 아니라 '사회적으로 구성된 현실'이라는 것을 잊고, 피로에 젖은 채로 인생의 종료를 기다리며 시간을 소일하게 되는 것이다. 구내식당에서 밥을 먹든지, 문화의 날 할인 영화를 보든지, 꾸벅꾸벅 졸든지 하면서. 그러나 간혹 "쿵!" 하면서 인생이란 것이 갑자기 어디엔가 불시착할 때가 있다. 바로 정치적, 경제적, 문화적 격변의 시기에. 그때 몸은 다시 인지한다. 아, 지금까지 사회적으로 구성된 현실 속을 살아왔다는 것을. 이제 현실을 재구성해야 할 때가 왔다는 것을. 누군가 《한국이란 무엇인가》라는 책에 이렇게 쓰는 거다. "21세기 한국 사회는 불시착 중이며, 이제 발생할 충격을 나는 기다리고 있다. 그런데 그것이 바로 현재다."

그 현재는 바로 2024년 12월 3일 밤에 도착했다. 학생 한 명이 메신저에 소리치듯 적었다. "근데 지금 무슨 일이죠? 다들 티브이 켜세요. 당장." '당장'이라는 부사에 다급함이 묻어났다. 오랜만에 켠 티브이에는 대통령이 계엄령을 선포 중이었고, 얼마 안 있어 군인들이 총을 들고 국회로 들어갔다. 티브이와 휴대전화를 타고 그 장면들이 일상으로 난입해왔다.

그 이후에 벌어진 일들이라면 이제 다들 알고 있다. 많은 시민이 국회로 달려갔고, 더 많은 시민이 손에 쥔 휴대전화를 통해 초조하게 상황 전개를 지켜보았으며, 하루가 멀다 하고 사람들이 거리에 운집했다. 다행히 계엄은 철회되었으며, 사태의 주동자들은 법의 심판에 회부되었지만, 아직 일상은 충분히 회복되지 않았다. 이 사태의 여진은 오래, 아주 오래갈 것이다. 그 여진이 모두 사라졌을 때 한국 사회는 도대체 어디쯤 서 있을까.

계엄 시도가 있기 전 한국은 많은 것의 성공처럼 보였다. 일본을 추월할 정도로 경제 발전의 성공이자, 세계의 모범이 될 정도로 민주주의의 성공이자, 전 세계에 울려 퍼질 정도로 대중음악의 성공이자, 노벨상을 수상할 정도로 문학의 성공이자, 선진국 대열에 들어설 정도로 국가의 성공인 것처럼 보였다. 그러나 계엄 시도를 계기로 드러난 한국은 많은 것의 실패처럼 보이기도 한다. 계엄 시도가 보여주는 것처럼 민주주의의 실패이자, 헌법 침해가 보여주는 것처럼 헌정의 실패이자, 법원 폭력 사태가 보여주는 것처럼 법치의 실패이자, 양극화가 보여주는 것처럼 사회의 실패이자, 유사종교 범람이 보여주는 것처럼 마음의 실패처럼 보인다.

나는 무엇보다도 한국을 이해해온 언어의 실패라고 생각한다. 계엄 시도 이후 많은 이가 앞 다투어 미래를 위한 제언을 내놓았다. 마치 대통령제가 문제의 원인인 것처럼 말했다. "대통령제를 내각제로 바꾸어야 한다!" 마치 헌법이 문제인 것처럼 말했다. "헌법을 바꾸어야 한다!" 마치 정당이 문제인 것처럼 말했다. "정당 시스템을 바꾸어야 한다!" 마치 언론이 문제인 것처럼 말했다. "언론을 바꾸어야 한다!" 마치 선거가 문제인 것처럼 말했다. "선거제도를 바꾸어야 한다!" 마치 군부가 문제인 것처럼 말했다. "군부를 바꾸어야 한다!" 마치 교육이 문제인 것처럼 말했다. "교육을 바꾸어야 한다!" 마치 우경화가 문제인 것처럼 말했다. "사람들을 좌경화해야 한다!" 마치 좌경화가 문제인 것처럼 말했다. "사람들을 우경화해야 한다!"

그럴지도 모른다. 그런데 이런 주장들은 모두 한국 사회의 문제를 충분히 파악하고 있고, 충분히 파악하고 있기에 원인을 분명히 판별할 수 있고, 원인을 분명히 판별할 수 있기에 해결책을 확실히 제시할 수 있고, 해결책을 확실히 제시할 수 있기에 문제의 재발을 막을 수 있다고 믿는다. 나는 그렇게 믿지 않는다. 계엄을 계기로 수면 위로 올라온 한국의 모습은 상당 부분 여전히 불가해하다. 불가해하기에 원인을 적시하기 어렵고, 원인을 적시하기 어렵기에 해결책을 제시할 수 없고, 해결책을 제시할 수 없기에 문제의 재발을 막기 어렵다고 생각한다. 계엄의 재발을 막을 수 있을지는 몰라도 다른 방식으로 터져 나오는 문제를 막기는 어려울 것이다.

따라서 21세기의 한국은 정치의 실패이자, 헌정의 실패이자, 법치의 실패이자, 정당의 실패이자, 선거의 실패이자, 교육의 실패이자, 언론의 실패이자, 사회의 실패에 그치지 않고, 한국을 이해해온 방식의 실패이기도 하다. 안이한 언어와 게으른 상상력에 의존해온 기존 이해 방식의 실패다. 이제 한국을 다시 생각할 때가 왔다. 한국이 어디서 와서 어디로 가고 있는지 다시 숙고할 때가 왔다. 한국을 이해할 언어를 새롭게 발명할 때가 왔다. 이 책이 그러기 위한 나의 소박한 첫 걸음이기를, 언젠가 쓰일 한국사상사가 그 마지막 걸음이기를 바란다.

그간 여러 매체에 발표한 초고를 읽어준 폴리나, 책을 정성스럽게 편집해준 강태영 선생님을 비롯한 어크로스 여러분께 감사드린다.

2025년 봄
김영민

1부

세상에,
홍익인간
이라니

이문형 엮음

한국 역사 전체를 통틀어 대다수가 동의
할 만한 이념이랄 게 있을까. 민주주의? 혹은 자유민주주의?
그것은 현대의 이념이다. 현대 이전 한국에 그런 이념은 존재
하지 않았다. 중화사상이나 충효? 그것은 지나간 이념이다.
현대에 이르러 그것들은 구시대의 유물로 전락했다. 아니, 한
국 역사 전체를 관통하여 두루 합의해온 이념 같은 것은 도대
체 없단 말인가?

그런 게 있는 것 같기도 하다. '홍익인간(弘益人間)'은 어
떤가. 이른바 '홍익인간'은《삼국유사(三國遺事)》에 나올 만큼
오래된 말이다. "옛 기록에 따르면, 하늘신 환인의 서자 환웅
이 하늘 아래에 뜻을 자주 두고 인간 세상을 욕망하였다. 아
버지가 자식의 뜻을 알고서 삼위태백(三危太伯) 지역을 내려
다보니, '홍익인간' 할 만하였다. 이에 천부인(天符印) 세 개를
주며 가서 다스리도록 하였다."

한국 최초의 국가, 고조선 관련 사료에 나올 정도로 오래
된 홍익인간. 이 말은 현재 통용되는〈교육기본법〉에도 당당
하게 나와 있다. "교육은 홍익인간의 이념 아래 모든 국민으
로 하여금 인격을 도야하고 자주적 생활능력과 민주시민으
로서 필요한 자질을 갖추게 함으로써 인간다운 삶을 영위하
게 하고 민주국가의 발전과 인류공영의 이상을 실현하는 데
에 이바지하게 함을 목적으로 한다."(총칙 제2조 교육이념) 여기

서 홍익인간은 지나가는 표현이 아니라 한국 교육을 총체적
으로 정의하는 이념이다.

이에 그치지 않는다. 현대 한국의 각종 정부 문서를 살
펴보면, 홍익인간이 '교육이념'일 뿐 아니라 한국 전체를 아
우르는 건국이념의 위치에 있음을 알 수 있다. 홍익인간은 우
리나라 건국이념이기는 하나 결코 편협하고 고루한 민족주
의 이념의 표현이 아니라 인류공영이란 뜻으로 민주주의의
기본 정신과 부합되는 이념이다. "홍익인간은 우리 민족정
신의 정수이며, 일면 기독교의 박애정신, 유교의 인(仁), 그리
고 불교의 자비심과도 상통되는 전 인류의 이상이기 때문이
다."(1958년《문교개관》)

건국이념이라니 이 얼마나 대단한 것인가. 미국은 건국
한 지 200년이 훌쩍 넘었건만, 공론장에서 건국이념에 대한
논의가 끊이지 않는다. 다양한 민족이 다양한 경로로 이민을
와서 성립한 나라가 바로 미국. 그 미국 사람들을 하나로 묶
어줄 수 있는 게 무엇이 있을까? 단일 민족? 아니, 미국은 다
양한 민족이 모여서 만든 나라다. 오랜 뿌리? 아니, 미국은 이
민자들이 만든 비교적 젊은 나라다. 공통된 종교? 미국은 종
교의 자유를 인정하는 나라다. 이러한 나라에서 건국이념은
자신들이 누군지를, 혹은 누구여야 하는지를 알려주는 마지
막 보루 같은 것이다. 그래서 미국인들은 건국이념에 대해 해

석을 거듭하고, 그 해석에 비추어 자신을 이해하고 정책을 정당화하고 미래를 설계하곤 한다.

'홍익인간'도 그와 같은 건국이념일까? 그렇다면 그것은 도대체 무슨 뜻일까? 많은 사람이 홍익인간을 일종의 인간 유형으로 알고 있다. 예컨대 시인 김지하는 "홍익인간은 주체이면서 타자이고 신이면서 자연이면서 또한 인간인 새로운 인간(neo human)이다"라고 말한 적이 있다. 도대체 무슨 말을 하는 것인지 잘 모르겠지만, 홍익인간을 뭔가 엄청난 파워를 가진 인간 유형으로 보는 것 같다. 홍익인간이 슈퍼맨, 배트맨, 아쿠아맨, 스파이더맨, 앤트맨 같은 슈퍼 히어로쯤 되는 것처럼 들린다. 이러다 여름 더위를 싹 날려 보낼 슈퍼 히어로 영화 〈홍익인간〉 혹은 〈홍익맨〉이 개봉하는 게 아닐까.

고전 한문에서 '인간(人間)'이란 표현은 인간이 아니라 '세상'을 뜻한다. 그러면 고전 한문에서 세상이 아니라 인간을 뜻하려면 무슨 단어를 써야 하나? 여러 표현이 있지만 그냥 사람 '인(人)' 자를 쓰면 된다. 예컨대 〈성종실록〉에는 다음과 같은 문장이 실려 있다. "중국 조정으로 하여금 해외에 이런 사람(人)이 있다는 것을 알게 해주시오. 하늘 위에는 몰라도 이 세상(人間)에는 둘도 없는 사람입니다."(使中朝知海外有此人也. 所不知者天上, 人間則無雙.) 보다시피 '사람'을 나타낼 때는 사람 '인' 자를 쓰고, '세상'을 나타낼 때는 '인간'이란 단어를 썼다.

그러니 홍익인간은 슈퍼 히어로를 뜻하는 것이 아니라 "널리 세상을 이롭게 하다"라는 뜻이다. 그런데 이것은 너무 밋밋한 이야기가 아닌가. 세상을 널리 이롭게 하다니, 마치 "잘 지내게", "기운을 내게", "건강하게", "무탈하게"처럼 맥 빠질 정도로 당연한 말이 아닌가. 한 나라의 건국신화 혹은 건국이념을 이야기하는데 "인간을 널리 욕보이겠다", "인간을 널리 혼내주겠다", "인간을 널리 밟아버리겠다", "인간을 널리 골려주겠다"라고 말하기는 어렵지 않은가. "인간을 널리 이롭게 하다"라는 말은 무슨 이념이 되기에는 아무래도 너무 밋밋하고 싱거운 말 같다.

무슨 이념이라고 하기에는 너무 싱거운 말이기에, 홍익인간이 한국 역사 전체를 관통하는 이념이었을 리는 없다. 실제로 현대 이전에 이 '홍익인간'이란 표현에 관심을 둔 사람은 거의 없었다. 예컨대 조선시대 내내 이 홍익인간이라는 말은 전혀 주목받지 못했다. 그것은 현대에 와서 새롭게 발명된 전통이다. "널리 세상을 이롭게 하다"라는 말 자체에도 한국을 지칭하는 내용은 들어 있지 않다. 거기에서 관심을 두는 것은 한국을 넘어선 세상 전체다.

세상 전체를 이롭게 하겠다니, 혹시 과대망상 아닌가. 민족주의는커녕 코스모폴리탄(세계시민주의)적으로 들린다. 아니, 세계시민적인 것도 아니다. "널리 세상을 이롭게 하다"라는 것은 특정 국가나 민족을 넘어서 다채로운 세계의 일원으로 활동하겠다는 말이 아니다. 세계 속의 시민이 되겠다는 말이 아니라 세계 전체를 어떻게 해보겠다는 말이다. 세계 전체를 뭉뚱그려 대상화하는 말이다. '홍익인간'이라는 말에는 이처럼 민족의 시선도 아니고 시민의 시선도 아닌, 영웅적인 외부자의 시선이 담겨 있다.

그도 그럴 것이, '인간(세상)'의 반대말은 '천상'이니까. 그 점을 염두에 두고 《삼국유사》를 다시 읽어보면 '홍익인간'이라는 말의 주어가 사람이 아니라 하늘신 환인임을 확인할 수 있다. '홍익인간'은 인간의 목소리가 아니라 하늘신의 목소리다. 주어가 하늘신임을 생각하면 "널리 세상을 이롭게 하다"라는 말은 더 이상 밋밋하게 들리지 않는다. 하늘신이 하늘에 관심을 두지 않고 하필 저 아래 인간들이 사는 세상에 관심을 둔다니, 이건 특이하지 않은가.

알다시피 '홍익인간'이라는 말은 《삼국유사》와 《제왕운기(帝王韻紀)》에 실린 단군신화에 처음 나온다. 왜 고조선의 건국신화에 굳이 이 같은 신의 목소리가 필요했을까. 왜 이 세상을 내려다보는 신의 시선이 필요했을까. 왜 이 세상 전체를 대상화하는 신의 관점이 필요했을까. 왜 자신을 다스릴 대상으로 간주하는 외부자의 권위가 필요했을까. 미개한 대상을 다스려주겠다는 식민적 외부자의 존재가 필요했을까.

《삼국유사》와《제왕운기》가 편찬된 13세기 후반은 1231년부터 1259년까지 약 30년 동안 지속된 고려-몽골 전쟁이 끝나고, 원나라와 사대관계가 수립되던 시기였다. 이런 시기에 한국의 정체성을 각별히 고민한 것은 자연스럽다. 주변에 존재하는 강력한 제국을 인정하는 동시에 자신의 자존감을 확보하려 든 것은 이해할 만하다. 실제로 중국을 통해 자신의 권위를 높이려는 욕망은 단군신화 곳곳에서 느껴진다.《삼국유사》에 실린 단군신화는 다음과 같은 말로 시작한다. "《위서(魏書)》는 다음과 같이 말했다. '지금부터 2000년 전에 단군왕검이라는 이가 있어 아사달에 도읍을 정하고 나라를 세워 조선이라고 이름 붙였다. 요임금과 같은 시대다'라고 하였다." 고조선은 중국 역사서에도 기록되어 있어! 단군조선은 무려 요임금 때로 거슬러 올라갈 수 있어! 우린 너희만큼 역사가 유구해! 이런 태도는 식민지가 되어본 적이 없는 나라 태국의 경우와 대조된다. 태국 사람들은 자기 나라 역사가 수코타이 왕국(1249~1438)이 성립되는 13세기부터 시작된다고 생각하며, 상대적으로 짧은 역사에 대해 별 문제를 느끼지 않는다.

그에 그치지 않고 단군신화는 중국 황제마저 인정하지 않을 수 없는 최상의 권위, 바로 하늘을 끌어들인다. "하늘신 환인의 서자 환웅이 하늘 아래에 뜻을 자주 두고 인간 세상을 욕망하였다. 아버지가 자식의 뜻을 알고서 삼위태백 지역을 내려다보니, '홍익인간' 할 만하였다." 이처럼 세상을 널리 이롭게 하겠다는 것은 사람의 목소리가 아니라 하늘신의 목소리다. 그리고 하늘신 환인의 아들은 실제로 부하들을 데리고 세상에 내려와서 문명 세계를 건설한다. 마치 발리나 미국의 건국신화가 외부 문명인들이 이주해 와서 정착했다는 내용을 담고 있듯이, 한국의 건국신화 역시 외부(하늘)의 존재가 이주해 와서 정착했다는 내용을 담고 있다.

그 뒤 이야기는 한국인이라면 다들 알고 있다. 곰은 어두운 곳에서 마늘을 먹고 견딘 끝에 마침내 웅녀가 되었고, 환웅과 짝을 지어 단군왕검을 낳는다. 이 단군왕검은 어떻게 되었나? 무려 1500년 동안 고조선을 다스렸는데, 중국으로부터 기자(箕子)라는 이가 조선 땅으로 건너오자 자리를 피해 결국 산신(山神)이 된다. 이처럼 한국의 정체성에는 아주 일찍부터 이주, 식민, 제국의 시선이 깊게 드리워져 있다. 한국의 정체성은 바로 그런 시선들과 길항하며 전개되었다. 단군신화는 제국을 의식한 정치신학이다.

단군신화를
생각한다

한국의 신화

* 2022년 1월에 쓴 글입니다.

호랑이해가 밝았다. 호랑이는 새해 결심 같은 것은 하지 않는다. 호랑이와 달리 인간은 새해 결심을 할 수 있는 동물이다. 새해 결심을 한다는 것은 보통 일이 아니다. 일단 현 상태에 불만이 있어야 새해 결심을 할 수 있다. 이래도 좋고 저래도 좋다는 마음가짐으로는 고승(高僧)이 될 수 있을지는 몰라도 새해 결심을 할 수는 없다. 새해 결심을 하기 위해서는 자기의 현 상태에 대해 불만족할 수 있어야 한다. 불만족하는 것도 능력이다. 매사에 만족하기만 해서는 보다 나은 상태를 바랄 수 없다.

불만이 많다고 해서 새해 결심을 할 수 있는 것은 아니다. 새해 결심을 하기 위해서는 과거, 현재, 미래를 나눌 수 있는 시간 관념이 있어야 한다. 그저 뭔가 흘러간다는 식의 죽사발 같은 머리통으로는 새해 결심을 할 수 없다. 과거, 현재, 미래를 나누고, 한 걸음 더 나아가 일 년 12개월 365일로 시간을 토막 낼 수 있는 잔인함이 있어야 한다. 그렇게 토막을 내야 정체 모를 시간이 통제 가능한 대상으로 변한다. 시간이 통제 가능해질 때 비로소 "제가 선생님이 아는 과거의 그 유약한 놈이 아닙니다!", "데이트 장소에서 매번 파스타를 흘리던 과거의 그 한심한 놈이 아닙니다!", "비문을 남발하던 그 어설픈 칼럼니스트가 아닙니다!"라고 말할 수 있다.

이렇게 분연히 새해 결심을 할 때는 '나는 더 이상 작년의 자신에 머물러 있지 않겠다'는 결기가 담긴다. 결심이란 걸 할 줄 아는 존재가 되는 것이다. 한때 이유식을 먹으며 옹알이를 하던 조그만 녀석이 결심(!) 같은 것을 하다니, 대단한걸. 제법이야. 방치된 오줌 줄기처럼 의식이 흘러가게 그냥 두지 않고, 무엇인가 하겠다고 마음을 조준하는 일. 이 엄청난 일은 마음에 관제탑을 세워야 가능하다. 그 관제탑은 목표 달성을 방해할 세력을 판별하기 위해 곳곳에 환한 조명을 비출 것이다.

그 방해 세력 중에서 가장 다루기 힘든 존재가 다름 아닌 자기 자신이다. 진정한 적은 내부에 있는 법. 새해 결심을 무너뜨리는 것도 결국 자기 자신이다. 그러한 자기 자신을 잘 다루기 위해서는 자기 존재를 구획하고, 그중 한 부분에 관제탑의 역할을 맡기고, 나머지 부분에게 기꺼이 관제탑의 지시를 들으라고 요청해야 한다. 이것은 무정부 상태에 있는 자기 자신에게 정부를 수립하는 일과 비슷하다.

새해를 맞아 정부가 그해 예산과 정책을 수립하고 집행하듯이, 정초가 되면 마음은 자신을 특정 방향으로 몰고 가는 결심을 한다. 이때 하는 결심은 결국 자신과의 약속인데, 남에게 하는 약속보다 어기기 쉽다. 아무리 잘 구획해놓았어도 자기를 이루는 부분들은 서로 내통하기 마련이기 때문이다. 새해 결심의 이행 여부는 결국 자기 통제(self-control)를 얼마나 잘하느냐에 달렸다.

자기 통제를 하는 이유는 어디에 있는가? 직장에서 승진하기 위해서? 돈을 더 많이 벌기 위해서? 다가온 대통령 선거에서 당선되기 위해서? 어디 내놓아도 부끄럽기 짝이 없는 자신의 결점을 고치기 위해서? 보다 나은 내가 되기 위해서? 그렇다. 새해 결심은 결국 미래의 자신을 창조하는 행위다. 작년과는 다른 올해의 나를 창조하려는 행위가 바로 새해 결심이다.

자기 재창조의 기적이 가능한 것은, 인간이 그저 호르몬의 노예이거나 경제적 여건에 의해 전적으로 좌우되는 단세포 동물이 아니기 때문이다. 대부분의 동식물과 달리 인간은 문명을 건설할 수 있고, 그 문명 속에서 살아가며 문명인으로 탈바꿈할 수 있다. 사람은 책을 만들고, 책은 사람을 만든다는 표어도 있지 않은가. 인간은 문명을 만들고, 문명은 인간을 만든다. 문명화 과정을 거친 인간은 그 과정을 거치기 전의 인간과는 다르다. 인간은 새해 결심을 만들고, 그 새해 결심은 인간을 만든다. 새해 결심을 이행한 인간은 결심을 이행하기 전의 인간과는 다르다.

누가 시키지 않았는데도 스스로 고달픈 길을 가려는 이 '슬픈' 자기 재창조 작업이 바로 우리가 아는 단군신화의 핵심이다. 단군신화에서 가장 놀라운 이는 환인이나 환웅 같은 신적 존재들이 아니다. 환웅이나 환인은 원래 본 적도 없는 존재들이니, 무슨 일을 해도 그저 그러려니 할 뿐이다. 그러나 곰과 호랑이는 다르다. 우리는 호랑이와 곰에 대해 꽤 잘 알고 있다. 동물원에 가면 호랑이는 죽은 고기를 먹으며 우리 속을 우왕좌왕하고 있고, 곰은 쓸개즙을 착취당하다가 결국 총 맞아 죽는 존재로 뉴스에 종종 등장한다.

그런데 단군신화의 곰과 호랑이는 인간이 되고 싶어 한다. 그건 그다지 놀랍지 않다. 그들은 아직 인간 세상이 얼마나 개판인지 모르고 있으니까. 그리고 어느 시대나 약간 이상하고 야심적인 존재들이 있기 마련이니까. 정말 놀라운 점은 단군신화에서 곰과 호랑이가 결심이 가능한 동물로 묘사된다는 점이다. 앞서 말했듯이, 결심이 가능하다는 것은 자신의 현 상태에 만족하지 않고 과거-현재-미래로 시간을 나눈 뒤, 사뭇 다른 미래의 자신을 창조해내겠다는 의지를 갖는다는 것이다. 단군신화에 나오는 곰과 호랑이는 바로 그 놀라운 자기 재창조의 결심을 해낸다.

단군신화에서 곰과 호랑이는 동굴에서 쑥과 마늘만 먹는다는데, 이처럼 본성에 어긋나는 일이 어디 있단 말인가. 고양이는 자루에서 튀어나오려 하고 개는 목줄에서 풀려나려는 것이 동물의 본성 아니던가. 단군신화의 곰과 호랑이는 인간이 되겠다는 목표가 있기에, 쑥과 마늘과 어둠을 감수한다. 미래의 목표를 위해 부자연스러운 일을 감수하는 것, 그것이야말로 문명이다. 단군신화의 곰과 호랑이가 겪는 고초는 자연에서 문명으로 나아가려는 존재의 몸부림이다. 문명화된 존재로 자신을 탈바꿈하려는 존재의 통과의례다.

알다시피 호랑이는 실패하고 곰은 성공한다. 그러나 호랑이가 과연 실패한 걸까. 우리는 단군신화가 호랑이가 아닌 곰의 관점에서 기록되었을 가능성을 염두에 두어야 한다. 호랑이의 관점에서 쓰인 단군신화는 사뭇 다를 것이다. 인간이 뭐라고 이 개고생을 감수해야 하나! 유레카! 깨달음이 온 호랑이는 동굴을 뛰쳐나간다. 호랑이가 이렇게 문명을 거부했기에, 신화의 주인공 역할은 문명화의 길을 간 곰에게 넘어갔다.

끝내 버텨 인간이 된 곰, 정말 '징한' 동물이 아닐 수 없다. 곰이 그 고초를 견디고 마침내 인간이 되었다는 사실은 단군신화의 인간관에 대해 시사하는 바가 크다. 오해하는 사람들이 가끔 있는데, 단군신화의 인간관은 홍익인간이 아니다. 홍익인간은 좋은 세상을 만들어보겠다는 정도의 일반적인 언술에 가깝다. 단군신화의 진짜 인간관은 웅녀에게 응축되어 있다. 바로 문명화를 위해 고난을 기꺼이 감수하는 인간, 미래의 새로운 자신을 위해 오랫동안 인내할 수 있는 인간, 변화를 위한 자기 통제를 해내는 인간이 바로 그것이다. 타율에 의해 동굴에서 마늘과 쑥을 먹었다면 곰은 인간이 되지 않

작가 미상, 〈호죽도〉, 19세기

단군신화를 생각한다

았을 것이다. 자기 통제를 통해서 그 과정을 완수했을 때 곰은 비로소 인간이 되었다.

그리고 그 곰은 단군을 낳는다. 그 단군의 자손답게 나는 올해도 새해 결심을 해본다. 제법 나이 든 인간으로서 나는 시간이 한정 자원이라는 사실을 인지한다. 따라서 부질없는 집착들로부터 놓여나고자 노력할 것이다. 따라서 올해 안에 무엇을 기어이 끝내겠다는 결심 같은 건 되도록 하지 않을 것이다. 그런 건 학위논문을 쓰는 학생들에게나 어울린다. 한편 올해가 아니면 영원히 할 수 없는 일들은 올해 안에 하려할 것이다. 고시 공부를 위해 연애를 90세 이후로 미루는 청년처럼 되고 싶지는 않다. 어떤 일들은 그 시절에 하지 않으면 영영 할 수 없게 되곤 한다. 그런 것들 말고는 나의 일상을 수호할 것이다. 아침에 일어나면 변함없이 달걀을 삶을 것이며, 달걀을 다 먹은 뒤에는 그날의 글을 쓰고, 오후가 되면 오랜 시간 걸을 것이다. 그렇게 걷다가 산책길 커피숍에서 그날의 커피를 마시고, 과묵한 점장이 지키고 있는 작은 책방에 들러 책을 살 것이다. 나는 왜 나일까 같은 질문은 그만하고 사랑이라는 기적에 대해 과감할 것이다. 이러한 새해 결심을 지키지 못하더라도 나는 나 자신을 크게 탓하지 않을 것이다. 올해는 참다못해 동굴에서 뛰쳐나간 호랑이의 해이니까.

삼국시대라뇨

이한구 글/그림

* 2020년 1월에 쓴 글입니다.

대한민국 헌법 제3조에 따르면, 대한민국 영토는 한반도와 그 부속 도서로 한다. 한반도에 사는 이들이 그럭저럭 같은 부류의 사람들이라는 생각은 언제부터 생겼을까? 한반도 사람들이 포괄적인 집단 정체성을 가지기 시작한 것은 언제부터일까? 676년 신라의 삼국통일 이전에 신라, 고구려, 백제 간에 자신들이 하나의 민족이라는 의식이 있었을까? 역사가들 사이에 이런 문제들에 관한 확고한 합의는 아직 없다.

삼국통일 이후에 신라의 엘리트들이 자신이 삼한(三韓)을 통일했다는 의식, 이른바 '일통삼한(一統三韓)' 의식을 가졌던 것은 분명해 보인다. 그러나 그 의식이 언제부터 누구에게 어느 정도 공유되었는지 정확히 알기는 어렵다. 삼국통일을 소재로 한 이준익 감독의 영화 〈황산벌〉의 주인공 '거시기'는 민초(民草)이기에 그저 살아남는 것이 관심일 뿐, 삼한을 통일하는 중인지 여부는 중요하지 않았다. 집단 정체성과 같은 사안은 당시 민중의 관심사라기보다는 지배 엘리트의 관심사였을 공산이 크다.

많은 이가 여전히 '삼한'을 국가라고 여기지만, 사학계의 연구에 따르면, '일통삼한'에 나오는 '삼한(마한, 진한, 변한)'이란 표현은 국가나 민족의 명칭이 아니라 지역의 명칭이었다. 게다가 그 '삼한'은 신라가 자신의 영역이라고 여기고 싶어

한 것만큼이나 수나라와 당나라 역시 자신의 영역이라고 주장하고 싶은 지역이었다. 그래서 수·당나라 사람들은 한반도에 군사 원정을 하면서 한때 자신들의 영토였던 '실지(失地)' 회복이라고 주장했다. 그들은 '삼한'을 '과거 위대한 한(漢) 제국의 영향력 아래 있었지만 지금은 이역이 된 특정 지리적 공간'이라고 보았던 것이다. 마치 오늘날 한국인 중 상당수가 만주를 한때 고구려 땅이었기에 되찾아야 할 공간으로 생각하듯이.

신라가 삼국통일을 했다는 것은 초등학교 교과서에 나올 정도로 자명한 사실인데, 새삼 무슨 이야기냐고? 그러나 역사적 사실은 정치권력이 군침을 흘리는 교과서 내용보다 항상 더 복잡하다. 일단 삼국통일이라니? 신라가 이른바 '삼한'을 통일하기 이전에 민족의식은커녕 과연 삼국시대라는 것이 존재하기나 했을까? 대부분의 한국사 서적들은 기원전 1세기부터 7세기 중반까지를, 좁게는 4세기에서 7세기 중엽까지를 삼국시대라고 부른다. 그런데 그 시기가 삼국시대라고 불린다고 해서 당시 한반도에 세 나라만 존재했던 것은 아니다. 안라국(安羅國), 구야국(狗邪國), 목지국(目支國), 남가라(南加羅), 탁국(啄國), 다라(多羅), 탁순(卓淳), 가라(加羅), 비자발(比自㶱), 반파국(伴跛國) 등 이름을 다 외우기 어려울 정도로 많은 소국이 당시에 존재했으며, 신라와 백제는 원래 그러한 소국들 중 일부에 불과했다.

장차 통일이 되어 하나의 나라로 살게 될 것을 미리 알고, 그 소국들이 사이좋게 지냈으면 얼마나 좋았으랴. 국립중앙박물관에서 열렸던 '가야본성' 전시(2019년 12월~2020년 3월 1일)에서는 그러한 소망을 담기라도 한 듯, 소국들의 "공존과 화합"을 강조했다. "여러 가야가 함께 어우러져 살았고(공존), 수백 년간 공존을 지킬 수 있었던 이유가 철(칼)을 다루는 기술을 갖고 있었기 때문"이라고 안내한다. 그러나 칼은 무기이며, 전쟁 도구다. 만약 칼을 들고 서로 싸우지 않고 정말 공존과 화합에 주력했다면, 이른바 우리가 아는 삼국시대는 아예 시작도 할 수 없었을 것이다. 소국들이 전쟁 중이었기에, 신라와 백제가 다른 소국들을 병합해나갈 수 있었고, 그 결과 비로소 '삼국'이 존재하게 된 것이다.

《삼국지위서동이전(三國志魏書東夷傳)》에 따르면 3세기 때만 해도 한반도에는 적어도 78개의 소국이 존재했다. 아무리 일찍 잡아도 삼국시대라는 현실은 4세기부터나 시작된다. 4세기에 이르러도 그 소국들이 다 사라진 것은 아니었다. 존재감이 뚜렷했던 이른바 '가야'는 백제보다 불과 98년 앞선 562년에 가서야 멸망한다. 이른바 삼국시대란 6세기 중반에서 7세기 중반까지 약 100년 정도에만 잘 적용될 수 있는 표현인 것이다. 사학자 김태식은 가야의 존재를 고려하여 아예 삼국시대가 아니라 사국시대라는 표현을 쓰자고 주장하기도 한다. 그런데 정작 숫자로만 따지고 들면, 78개의 소국이 있던 시절은 78국 시대라고 해야 하지 않을까? 강대국 숫자로만 따지고 들면, 4세기 후반에는 고구려와 백제라는 두 강국이 경쟁하는 구도였으니, 그때는 2국 시대라고 불러야 할지도 모른다.

이렇게 복잡한 역사적 사실에도 불구하고 우리는 왜 삼국시대라는 것을 당연시하게 된 것일까? 일단, 오늘날 학자들이 가지고 있는 '국가' 개념에 고구려, 신라, 백제가 좀 더 잘 들어맞기 때문이다. 고구려, 신라, 백제에 비해 가야는 중앙집권 정도가 약해서 같은 수준의 국가로 부르기 어렵다는 견해가 있다. 그러나 반론도 있다. 신라도 6세기 전반에 이르기까지 중앙집권 정도가 약하기는 마찬가지였는데, 왜 가야만 차별하느냐는 것이다.

과연 그뿐일까? 한 역사학 논문의 보고에 따르면, 홀수가 좋다는 단순한 이유 때문에 사국시대는 안 되고 삼국시대 혹은 오국시대가 합당하다는 주장이 존재한다. 그뿐이랴. 사국시대는 죽을 사(死) 자가 발음상 연상되어서 적절하지 않다는 주장도 존재한다. 그러나 무엇보다도 삼국시대라는 틀은 김부식의 《삼국사기(三國史記)》의 영향을 받은 것이라고 할 수 있다. 김부식의 관점은 보편적인 관점이라기보다는 고려

시대에 존재했던 하나의 관점에 불과하다. 조선 후기 한백겸의《동국지리지(東國地理志)》같은 책은 명시적으로 김부식의 삼국시대 틀을 버리고 가야를 포용하는 관점을 취하고 있다. 이렇게 복수의 관점이 존재하는데도 많은 이들은 어떤 이유에서인지 김부식의 관점을 수용해서 고구려, 백제, 신라를 보다 앞장세웠던 것이다.

역사적 단순화를 촉발하는 가장 큰 원인 중 하나는 역사에 대한 정치권력의 지대한 관심이다. 정치권력은 대개 무력으로 경쟁자를 진압하여 성립한다. 그러나 계속 칼부림을 하고 산다는 것은 강자 입장에서도 너무나 피곤하다. 빨리 싸움을 끝내고, 몸에 묻은 피를 씻고, '정당화'라는 이름의 아름다운 잠옷을 입고, 낮잠을 즐기고 싶다. 그때 곧잘 동원되는 것이 종교다. 종교의 권위를 빌려, 자신은 단순히 무력으로 집권한 것이 아니라 신의 가호에 힘입어 권력을 쟁취했다고 주장한다. 신의 뜻이니 귀찮게 만들지 말고 알아서 기어달라고.

세속 국가에서 종교적 신념을 통해 정치권력을 정당화하는 데는 한계가 있다. 종교 대신 동원할 수 있는 것이 역사다. 역사는 결국 오늘의 사태에 의미를 부여하는 이야기이고, 누가 어떤 이야기를 하느냐에 따라 오늘의 사태는 달리 보인다. 그래서 정치권력은 자신이 원하는 정치적 메시지를 역사서에 담고 싶어 한다. 이른바 보수 정권에서 벌어진 한국사 교과서 국정화 사태가 그 비근한 사례이지만, 역사를 자기 식대로 먹어치우고자 하는 정치권력의 욕망은 어디서나 흔히 찾을 수 있다. 왕조 교체 이후 새로이 들어선 집권자들은 늘 자신에게 유리한 관점에서 지난 왕조사를 서술하고 싶어 했으며, 심지어 테러 단체 IS조차도 자신의 권력을 정당화하고 외부세계에 대한 적개심으로 가득 찬 역사책을 편찬하려 들었다.

자칭, 타칭 진보 정부는 이른바 촛불혁명이라는 매우 극적인 과정을 통해 집권했다. 지난 정권의 과오가 분명한 만큼, 그 과오로부터 과감히 결별할수록 현 정부의 정당성은 강화된다. 그 과오를 어떻게 정의하느냐에 따라 현 정부의 정체성은 달라진다. 만약 역사 교과서 국정화를 둘러싼 지난 정권의 과오가 그 역사서에 집어넣고자 한 특정 메시지에 있었다고 생각한다면, 현 정부는 역사서에 그와는 다른 메시지를 집어넣으려 들 것이다. 만약 역사 교과서 국정화를 둘러싼 지난 정권의 과오가 역사를 정치적으로 과도하게 이용하려 든 시도 자체에 있었다고 생각한다면, 현 정부는 가능한 한 역사를 정치가가 아닌 역사가의 몫으로 남겨두고자 할 것이다. 남의 음식까지 먹어치우지 않는 태도가 나의 자제력을 나타내듯이, 역사가의 몫까지 건드리지 않으려는 태도가 정치권력의 성숙함을 나타낸다.

역사책을
다시
읽는다

한국의 고전

한국인이라면 거의 다 박제상 이야기를 알고 있다. 신라 눌지왕은 자기 동생들이 외국의 볼모로 잡혀 있어 마음이 괴롭다. 이에 신하 박제상은 왕명을 받들어 왕의 아우를 구출하기 위해 일본으로 간다. 마침내 왕의 아우를 탈출시키는 데 성공하지만 정작 본인은 붙잡혀 고문 끝에 죽는다. 달아오른 석쇠 위에서 모진 고문을 받지만 신앙을 지킨 가톨릭 성인 라우렌시오처럼 박제상은 뜨거운 철판 위에서도 신라에 대한 충성심을 굽히지 않는다. 라우렌시오 성인이 "한쪽이 다 구워졌으니 이제 다른 쪽을 구울 차례요!"라고 말했다면 박제상은 이렇게 말했다. "신라의 개돼지가 될지언정 왜국의 신하가 되지 않겠다(寧爲雞林之犬犬狄, 不爲倭國之臣子)!" 박제상은 결국 불에 타 죽는다.

이 유명한 박제상 이야기는 《삼국사기》와 《삼국유사》에 모두 실려 있는 것은 물론 다양한 구전설화를 통해서도 전해 온다. 나라에 충성하는 이야기이니 그것이 국정 교과서에 실린 것도 이상하지 않다. 박제상이 '왜국'에서 저항하다가 죽음을 당했으니, 반일 감정이 최고조에 달했던 시절의 한국 사회와도 호응한다. 그런데 박제상 이야기의 원문을 찬찬히 읽어보면 이것이 그렇게 단순한 충신 이야기가 아닌 것으로 보인다.

일단 이 이야기가 얼마나 사실을 반영하는지 알 수 없다.

페테르 파울 루벤스, 〈성 라우렌시오의 순교〉, 1614년

《삼국사기》와 《삼국유사》에 모두 실려 있는데, 사건이 일어난 시기와 인명 등 구체적인 사항에서 차이가 있다. 일단 주인공 이름부터 김제상(《삼국유사》)과 박제상(《삼국사기》)으로 다르다. 그리고 이 이야기의 주인공이 정말 박제상인지도 확신할 수 없다. 《삼국사기》 같은 전형적인 국가 관련 문헌에서는 주인공이 박제상이지만, 구비로 전승된 설화 속에서는 박제상 아내가 주인공이다.

　　자신을 떠나 외국에서 남편이 죽어버리면 아내 마음이 어떨까. 사이가 나쁜 부부라면 모르겠지만, 사랑하는 사이였다면 아무리 나라에 충성하는 일이라고 해도 마음이 기껍지 않을 것이다. 황산벌 결전에 나서는 백제의 계백 장군은 아내의 목을 베고 출전했지만 정작 목이 베인 계백 장군의 아내 마음이 기꺼웠는지는 알 수 없다. 박제상 부인도 나름대로 마음이 편치 않았을 것이다. 마음이 편치 않은 정도가 아니라 거의 정신이 나갔다. 집에도 안 들르고 왜국으로 간다는 소식을 듣고, 박제상 부인은 바닷가로 냅다 쫓아온다. 끝내 따라잡지 못하자 모래사장 위에 널브러져 오랫동안 울부짖었다(沙上放臥長號). 그럴 만하지 않은가. 왜 국가는 멀쩡한 가정을 이처럼 파괴한단 말인가? 나랏일이니 동의해야 한다고? 말이 나랏일이지, 눌지왕이 자기 동생을 보고 싶어 해서 생긴 사단이 아닌가. 자기 가족의 그리움을 알면, 남의 가족의 그리움도 알아야 하지 않겠나.

물론 국가는 박제상의 아내에게 보상한다(報之). 박제상의 아내에게 국대부인(國大夫人)의 명예를 준다. 그리고《삼국사기》는 이렇게 이야기를 마무리한다. "동생이 돌아오자 왕은 6부 관리들을 시켜 멀리 나아가 맞이하게 하고, 동생을 만나자 손을 부여잡고 서로 울었다. 형제들이 모여 술을 늘어놓고 자리를 마련하고 극도로 즐겼다. 왕 스스로 가무를 지어 그 기분을 표현했는데, 지금 향악(鄕樂)의 우식곡(憂息曲)이 바로 그것이다."(初未斯欣之來也 命六部遠迎之 及見 握手相泣 會兄弟置酒極娛 王自作歌舞 以宣其意 今 鄕樂憂息曲 是也) 이게 끝이다. 국왕이 동생을 찾아 극도로 즐거워했다니, 이거야말로 국가 차원의 해피엔딩이 아닌가. 국왕의 동생을 찾는 과정에서 남편을 잃은 박제상 부인 이야기는 더 나오지 않는다.

그러나 상대적으로 덜 국가 위주의 문헌인《삼국유사》의 마무리는 다르다. 왕의 기분 이야기로 끝나는 게 아니라 박제상 아내의 기분 이야기로 끝난다. 박제상의 아내는 국가 포상을 받고 기분이 좋아졌나. 국대부인이 되어 기분이 흐뭇했나. 그럴 리가. 그깟 명예가 다 무슨 소용. 남편은 이제 곁에 없는데. 박제상의 아내는 치술령(鵄述嶺) 위에 올라가 왜국을 바라보고 통곡하다가 죽어버린다(上鵄述嶺 望倭國痛哭而終).

구전 설화에 따르면, 박제상의 아내는 망부석으로 변했

고 그 망부석은 박제상 아내의 대단한 절개를 나타내는 것으로 해석되곤 했다. 그 망부석이 절개를 나타낸다면, 그 돌은 오늘날 시내 곳곳에서 볼 수 있는 "바르게 살자" 돌덩이와 크게 다를 바 없다. 둘 다 사회적 윤리를 고취하여 결국 국가에 도움이 되고자 하는 의도가 담긴 돌덩이인 것이다. 망부석이 과연 그런 절개를 나타내는 것일까.

일단 "바르게 살자"는 바르게 살고자 하는 마음이 사무친 끝에 누군가가 돌로 변해버린 것이 아니다. 그것은 누군가의 기획에 의해서 특정한 사회정치적 메시지를 전파하기 위해 만든 선전의 돌덩이다. 반면, 박제상의 부인은 통제할 수 없는 슬픔으로 인해 돌로 변신한 것이다. 한 인간이 커다란 돌로 변한다는 것은 무슨 의미일까. 더 이상 인간의 모습으로는 버티기 어려운 지점에 도달했다는 것, 그러나 이대로 사라지고 싶지는 않다는 것이다. 뭔가를 사라지지 않게 하고 싶은가. 뭔가 남기고 싶은가. 돌에다 새길 일이다. pdf파일은 언젠가 열리지 않을 것이고, 종이는 찢어질 것이며, 목판은 불에 탈 것이다. 그나마 돌은 천천히 사라진다.

박제상의 부인이 자신의 참담함을 정말 돌로 남겼다면, 그 돌은 "바르게 살자"처럼 명랑(?)하지 않고, 겸재 정선의 그림이나 안젤름 키퍼(Anselm Kiefer)의 그림처럼 어둡고 침울할 것이다. 그 돌은 충성심이나 절개보다는 화해하기 어려운

가치의 충돌, 그리고 그 충돌에서 희생된 인간을 상징할 것이다.

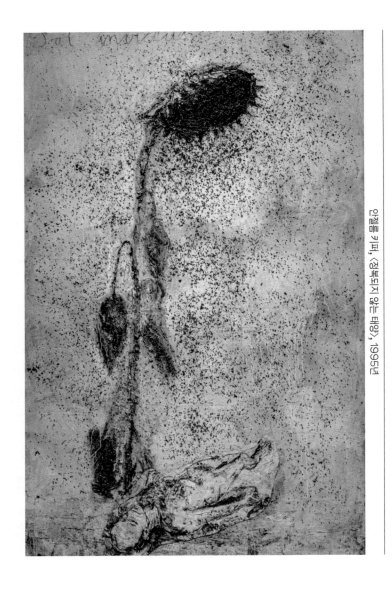

안젤름 키퍼, 〈정복되지 않는 태양〉, 1995년

전염병과
국가

한국의

국가

* 이 글에는 드라마 〈킹덤〉의 스포일러가 있습니다.

왕이 죽었다. 외척 조학주 대감은 세자 이창이 아니라 자기 핏줄을 왕으로 만들고 싶다. 그러려면, 딸 계비 조씨가 아들을 출산할 때까지 왕이 살아 있어야 한다. 조학주는 명의(名醫) 이승희를 불러 이미 죽은 왕을 좀비 상태로나마 살려놓는다. 그러다가 그만 이승희의 조수 단이가 좀비 왕한테 물려 죽는다. 이승희 의원의 환자들은 배고픔에 못 이겨 단이의 시체를 먹고, 좀비로 변하고 만다. 죽어야 할 자가 죽지 않은 조선, 이제 좀비 천지가 된다.

이것이 조선시대 배경의 좀비물 〈킹덤〉의 줄거리다. 장르물에서 좀비는 정치적 상징으로 널리 활용되어왔다. 좀비는 원칙 없는 정치인, 신자유주의 추종자, 문화적 공포와 억압 등 전염력 높은 정치적 문제들을 널리 상징해왔다. 〈킹덤〉역시 이러한 장르 전통을 이어받는다. 그렇다면 〈킹덤〉의 조선 좀비들은 당시 조선의 상황을 어떻게 환기하고 있을까?

김은희 작가는 인터뷰에서 〈순조실록〉에서 이름 모를 괴질로 수만 명이 숨졌다는 이야기를 보고 〈킹덤〉을 기획하게 됐다고 밝혔지만, 실제 드라마의 배경은 17세기 조선으로 보인다. 좀비의 시작을 근과거에서 일어난 왜란에서 찾고 있기 때문이다. 1592년에 일어난 왜란이 1598년 겨울까지 이어졌고, 왜란의 참상에 대한 기억을 가진 사람들이 주인공이라는 점을 감안하면, 〈킹덤〉에서 벌어지는 상황들은 17세기 조선이라고 해도 큰 무리가 없을 것 같다.

먼저 정치사를 살펴보자. 신하와 군주의 대결을 그리는 〈킹덤〉의 설정은 17세기 조선의 예송(禮訟)과 닮아 있다. 당시 법도대로 장자가 왕위를 계승하면 문제가 간단하련만, 늘 그런 사람이 세자가 되는 것은 아니다. 장자가 아닌 차자, 혹은 다른 부인의 자식, 혹은 방계의 왕족이 왕위를 이을 경우 세자의 정체성은 복잡해진다. 과연 왕의 후계라는 점이 더 중요한 것일까, 아니면 혈육으로서의 정체성이 더 중요한 것일까. 어느 정체성에 맞추어 예를 지켜야 할까. 한국사를 연구하는 사람들 상당수는 17세기 예송이 군권(君權)과 신권(臣權)의 대결 구도였다고 해석해왔다. 이런 예송이 조선에만 있었던 것은 아니다. 16세기 명나라 가정제(嘉靖帝)는 정덕제(正德帝)의 뒤를 이었지만, 그는 가정제의 장자가 아니라 사촌 동생이었기에, 위와 같은 문제가 발생했다. 이것이 이른바 대례의(大禮議) 논쟁이다. 〈킹덤〉에서는 결국 혈통과 무관한 무관(武官)의 아이가 출생의 비밀을 숨긴 채로 왕으로 오르게 된다.

〈킹덤〉에서는 조학주 대감과 맞서는 세자 이창을 돕는 재야의 명망 있는 선비가 나온다. 세자의 옛 스승인 안현 대감은 비록 관직 없는 초야의 인물이지만, 조정에서도 두려워하는 상당한 영향력을 유지하고 있다. 실제 17세기 조선에서도 현종이 세자였을 때 서인의 송시열이 스승이었고, 그 송시

열은 당시 조정에서도 어려워하는 재야의 거두였다. 송시열 역시 조정에서 벌어지는 예송에 적극적으로 참여했다.

정치사가 이러했다면, 사회사는 어떠했나? 사회사의 관점에서 볼 때 17세기는 조선 역사에서 가장 어두운 시대였다고 해도 과언이 아니다. 일반 사람들이 느끼기에는 왜란보다도 더 혹독했을 대기근이 이 시기에 일어났다. 왜란의 사망자는 수십만 명 정도였다고 추산된다. 그런데 사학자 김덕진에 따르면, 경신대기근(庚辛大飢饉, 1670~1671)과 을병대기근(乙丙大飢饉, 1695~1699)에 각각 100만 명 정도 사망자가 발생했다. 당시 사료에도 그와 같은 정황을 뒷받침하는 기록들이 많다. 예컨대《지암일기(支庵日記)》1696년 1월 28일자에는 "청계 사람이 구걸하려고 자루를 들고 나와 돌아다니다가, 이내 다시 생각하여 '길에서 죽는 것보다 집에서 죽는 것이 낫다'라고 말하고는 돌아가 스스로 목을 매고 죽었다고 한다"라는 기록이 있다. 이런 상황을 감안하면, 〈킹덤〉에서 사람들이 배가 고파 인육을 먹는 상황도 아주 황당한 묘사는 아니다.《조선왕조실록》도 기근으로 굶주린 자들이 "실낱같은 목숨이 남아 있어도 귀신의 형상이 되어버렸다(縷命雖存, 鬼形已具)"고 묘사하고 있으니, 좀비와 같은 형상을 상상할 만하다.

아무리 배가 고프다고 해도 인육을 먹었을 리가 있냐고? 1671년에 남구만이 지은 〈청주 상당산성 기우제문(淸州 上黨

山城 祈雨祭文)〉에는 "옛날에는 자식을 바꾸어서 먹는 일이 있다고 했는데 지금은 자기 자식을 삶아 먹는 경우가 있으니, 인간이 살아남지 못하고 인간의 도리가 다 없어질 것입니다(古稱易子而食, 而今則自烹者有之矣. 人類將無遺矣, 人理將盡滅矣)"라는 대목이 나온다. 이러한 표현이 단순히 제문 특유의 과장이라고만은 할 수 없는 것이, 〈현종실록〉(현종 12년 3월 21일)에는 여자 노비가 자신의 어린 아들과 딸을 먹었다는 취지의 기록이 실려 있다(私婢順禮居在深谷中, 殺食其五歲女三歲子). 이 여자 노비의 이름은 순례(順禮), 즉 예를 따른다는 뜻을 가지고 있었다. 약 한 세기가 지나《흠영(欽英)》1782년 조에도 노파 둘이 아이를 먹은 식인 기록이 있다.

순례의 이름이 하나의 역설이 되어버렸듯이, 〈킹덤〉에도 좀비가 된 동방예의지국 사람들이 부모 자식을 몰라보고 서로를 물어뜯는 장면이 비일비재하게 나온다. 해가 저물자 깨어난 조선 좀비들은 서양 좀비들보다 부지런히 움직이고 떼 지어 이동한다. 그러다가 인간의 품위를 유지하는 것 같은 존재가 보이면, 누구라고 할 것 없이 족족 다 물어뜯어서 동네 전체를 좀비 마을로 하향 평준화시킨다. 실로 17세기 대기근에는 인류가 유지되지 못했다. 당시 지방관들의 보고에 의하면, 무덤을 파서 옷을 훔치는 경우(發塚剖棺, 偸取斂衣), 옷자락을 잡고 따라오는 예닐곱 살 된 아이를 나무에 묶어두고 가

버리는 경우(六七歲兒, 挽裾而從者, 至於縛樹而去), 도처에서 갓난 아이를 도랑에 버리고 강물에 던지는 경우(赤子之棄溝投水, 無處無之) 등이 있었다. 맹자가 말한바, 우물에 빠진 어린아이를 구하는 측은지심(惻隱之心)에 기초한 나라가 근본적인 위기에 처한 것이다.

물론 이것이 한국 특유의 상황이라는 말은 아니다. 경제사가 이시이 칸지(石井寬治)에 따르면 일본의 텐메이 대기근(天明の大飢饉, 1782~1788) 때에도 약 90만 명의 인구 감소가 있었다고 한다. 역사가 프랑크 디쾨터(Frank Dikötter)는 마오쩌둥 치하의 대약진운동 시기(1958~1962)에 일어난 대기근으로 인해 적게는 4500만 명, 많게는 6000만 명이 조기 사망했다고 말한다. 이 시기에도 식인이 발생했다. 당시 란저우(蘭州) 시의 보고서에는 다음과 같이 적혀 있다. "생계 문제"로 인해 누나를 "살해한 후 먹음", 관계를 알 수 없는 사람의 "시신을 파헤쳐 먹음", 동네 사람을 "난자해서 죽인 뒤 요리해 먹음."

끝으로 근본적인 질문을 던져보자. 오늘날 좀비란 무엇인가?《국제정치 이론과 좀비(Theories of International Politics and Zombies)》라는 저서를 쓴 정치학자이자 좀비 연구학회 회원인 대니얼 W. 드레즈너(Daniel W. Drezner)는 "좀비에 대한 정의는 의식이 없는 인간이라는 철학적 정의부터 땅에 묻혔다가 주술사에 의해 다시 살아난 사람이라는 인류학적 정의까지 다양하다. 좀비 연구학회와 마찬가지로 나는 좀비를 생물학적으로 설명할 수 있는, 인간 숙주를 점거하고 있는, 인육을 먹고 싶다는 욕구를 가진 생명체로 취급하기로 결정했다"고 말한 바 있다. 그러나 내가 보기에 좀비의 결정적 특징은 씻지 않는다는 것이다. 역병이 창궐해도 좀비는 결코 손을 씻지 않는다. 씻는 좀비는 좀비가 아니다. 씻는 좀비는 "동그란 네모", "짧은 장총", "못생긴 미남", "즐거운 시험", "굿 모닝(Good morning)"처럼 형용모순이다. 그래서 영화나 드라마에 나오는 좀비들은 한결같이 더럽다. 공포물의 또 다른 주인공인 뱀파이어와 뚜렷이 구별되는 좀비만의 특징이다. 자신이 좀비가 아니라는 것을 증명하려면 손을 씻어야 한다. 감염병이 돌 때는 손을 씻자.

왕의
두 신체

한국어판
옮김

조선시대 배경의 좀비물 〈킹덤〉은 두 가지 모순에서 출발한다. 첫째, 왕은 죽었지만 죽어서는 안 된다. 왕의 외척 조학주 대감이 자기 핏줄을 왕으로 만들고 싶어 하기에, 딸 계비 조씨가 아들을 출산할 때까지 왕은 살아 있어야만 한다. 그래서 조학주는 명의 이승희를 불러 이미 죽은 왕을 좀비 상태로나마 살려놓는다. 최고 존엄으로서 왕은 적절한 후계자를 얻을 때까지 살아 있지는 못하더라도 적어도 죽어서는 안 된다. 그래서 산 것도 아니지만 죽은 것도 아닌 존재, '언데드(undead)'가 된다.

둘째, 왕은 좀비가 되었지만 더러워서는 안 된다. 앞서 말했듯이 좀비는 씻지 않는다. 어떤 좀비물에서도 세수하는 좀비나 치실질하는 좀비나 속옷을 갈아입는 좀비를 본 적이 없다. 또 다른 공포물의 주인공 뱀파이어와 구별되는 좀비만의 특징이다. 그러나 〈킹덤〉은 좀비가 된 왕을 씻기는 장면으로부터 시작한다. 좀비는 흑화(黑化)된 존재라지만, 〈킹덤〉 속의 죽은 왕은 씻기고 분이 칠해져 백화(白化)된 존재다. 최고 존엄으로서 왕은 함부로 흑화되어서는 안 된다.

함부로 죽지 못하는 것은 〈킹덤〉 속의 조선 군주만이 아니다. 일본의 천황(天皇)도 마찬가지다. 일본 천황은 특이하게도 만세일계(萬世一系)를 내세운다. 이민족의 정복이나 황위 찬탈 없이 하나의 가계가 천황으로 죽 이어져왔다는 것이다.

그러나 의문이 제기된다. 개개의 천황은 죽지 않았는가? 한 천황이 죽고서 다음 천황이 계승했다면, 그것은 연속이라기보다는 단절을 전제로 한 계승이 아닌가? 일본의 민속학자 오리구치 시노부(折口信夫, 1887~1953)에 따르면, 천황령(天皇靈)의 존재가 바로 이 질문에 대한 답이다. "혈통상으로는 지금의 천황이 앞선 천황으로부터 왕위를 계승한 것이지만, 믿음의 차원에서는 앞선 천황이나 지금 천황이나 같은 존재이며, 한결같이 아미테라스 오미카미(天照大神)의 자손이다. 신체는 대대로 바뀌어가지만 영혼은 결코 바뀌지 않는다. (…) 진무(神武)천황이나 지금 천황이나 모두 같은 것이다." 즉 개별 천황의 몸은 죽어 사라지더라도 천황의 영혼은 육체를 건너가며 지속되기에, 과거의 천황이나 지금의 천황이나 근본적으로 같은 존재라는 것이다.

이런 영혼의 존재를 설득시키려면, 머릿속 관념만으로는 부족하고 가시적인 의례가 더해져야 한다. 고대 일본에서는 천황이 죽으면 짧게는 몇 개월에서 길게는 2년에 이르는 '모가리(殯)' 의례를 행했다. 여기서 한자 '빈(殯)'은 장례라고 할 때의 '장(葬)'과는 다르다. 장례가 아니라 장례를 치르기 전에 시신을 한동안 안치해두는 일이다. 그래서 《논어(論語)》에서도 친구가 죽어, 돌아갈 곳이 없는 경우에 공자는 내 집에 빈소를 차리겠다(朋友死, 無所歸, 曰於我殯)고 말할 뿐, 장례를 치르겠다고는 말하지 않는다. 마찬가지로 천황이 물리적으로 죽어도 남은 사람들은 곧이어 천황의 시신을 매장하거나 화장하지 않고 한동안 안치해둔다.

일본학 연구자 남근우에 따르면, "이 모가리 상태에 있는 천황은 생리적으로는 분명히 죽은 것이겠지만 사회적으로는 아직 죽음의 선고가 내려진 게 아니다." 그리고 이 시체 안치 기간은 가변적이다. 마침내 육체와 영혼이 분리되었다고 판단되어야 비로소 본격적인 장례가 치러지고 후계 의식이 진행된다. 그때 죽지 않고 이어진다는 천황령을 계승하는 의식이 거행되는데, 그것이 바로 다이죠사이(大嘗祭)다. 오리구치 시노부에 따르면, 이 다이죠사이 의례에서 후계자는 천황의 시체와 동침을 한다. 그것도 신체를 시체에 부착시키고서.

그러면 언제가 되어야 이제 전임 천황의 육체와 영혼이 완전히 분리되었다고 선언할 수 있는가? 즉 과연 언제 전임 천황이 그야말로 완전히 죽은 것으로 간주되는가? 이것이야말로 정치적 사안이다. 남근우는 "어떤 사회적, 정치적 사정이 생기게 되면 영육 분리의 최종 판단이 인위적으로 연장되는 경우도 없지 않아 있었을 것이다"라고 말한다. 현대의 정치인들이 자기에게 유리하도록 선거제도를 개편하려고 부심하듯이, 자신들이 보기에 가장 적임자가 후계자가 될 수 있게끔 필요에 따라 전임 천황의 죽음 선언을 연장할 수도 있는 것이다. 마치 〈킹덤〉의 조학주 대감이 이미 죽은 왕을 좀비로 나마 살려놓았듯이.

그렇다면 〈킹덤〉이 이런 특이한 일본 천황제의 영향을 받은 것일까? 물론 그렇지는 않다. 서구에도 이에 비견할 만한 전통이 존재했다. 독일 출신이었으나 미국 프린스턴 고등연구소에서 말년을 보낸 유대계 지성사가 에른스트 칸토르비치(Ernst Kantorowicz)는 기념비적 저작 《군주의 두 신체(The King's Two Bodies)》에서 군주의 계승 시기에 발생하는 단절을 방지하기 위해서 흥미로운 정치 신학(political theology)이 필요했음을 잘 보여주었다. 칸토르비치의 연구에 따르면, 중세 통치자에게는 두 개의 몸이 있었다. 하나는 사멸하는 몸, 다른 하나는 사멸하지 않는 몸. 죽지 않는 또 하나의 몸이 있기에 후계자는 그 몸에 접속하여 왕위를 계승할 수 있었다. 또 하나의 몸이라는 픽션이 없었다면, 전임 통치자가 죽고 후임이 아직 계승하지 않았을 때 적어도 이론적으로는 정치적 공백이 발생하고 마는 것이다.

어떤 정치적 공백도 없이 권위와 질서가 연속된다는 점을 보여주기 위해서는 사멸하는 인간의 가엾은 신체와는 구별되는 또 하나의 신체를 가시적으로 보여줄 필요가 있었다. 그래서 사멸하는 육체와 사멸하지 않는 육체라는 두 종류의 몸(인형)을 나란히 보여줄 수 있는 안치대 양식이 필요했다.

애런델 백작(Earl of Arundel)의 송장 기념물(Cadaver monument)이 그러한 양식의 예다. 20세기 전반기에 함부르크대학교의 미술사학 교수로 활동했던 어윈 파노프스키(Erwin Panofsky)는 이러한 기념물을 이단 침대 기념물(the 'double-decker' monument)이라고 불렀다.

그렇다. 우리에게는 두 개의 존재가 있으며, 따라서 두 번 죽는다. 평소에 입고 먹고 싸고 말하고 숨 쉬던 물리적 존재는 수명이 다하면 죽는다. 그러나 또 하나의 존재는 사람들이 기억하고 애도하고 계승하고 보내주지 않는 한 죽지 않는다. 누군가 그를 계승하기를 포기할 때, 기억하기를 포기할 때, 애도하기를 포기할 때, 마침내 떠나보낼 때 그는 비로소 죽는다. 마침내 무(無)로 돌아간다. 다시 말해서 어떤 존재는 그를 되살릴 수 있는 타자가 없을 때 비로소 완전히 죽는다. 두 번째의 생사는 자신이 아니라 남은 타자에게 달려 있다.

우리는 이 두 번째 생사에 어떤 식으로든 관계한다. 명나라는 오래전에 망했지만 조선의 왕은 대보단(大報壇)을 세우고 연 1회 2월 상순에 택일하여 명나라를 기념하는 제사를 지냈다. 그런 면에서 어떤 왕은 제사장이기도 하다. 역사학자는 하필이면 이미 사라진 존재에 대해서 애써 사료를 그러모아 서사를 부여하고 기억한다. 그런 면에서 어떤 역사가는 제사장이기도 하다. 만해 한용운은 망해버린 조국을 두고 노래

한다. "아아, 님은 갔지마는 나는 님을 보내지 아니하였습니다." 그래서 어떤 시인은 제사장이기도 하다. 애도 역시 기억의 행위다. 프랑스의 비평가 롤랑 바르트는 이렇게 말했다.

애런델 백작의 승천 기념물

"그건 (어떤 빛 같은 것이) 꺼져 있는 상태, 그 어떤 '불만'이 막혀 있는 그런 상태가 아니다. 애도는 고통스러운 마음의 대기 상태다. 지금 나는 극도로 긴장한 채, 잔뜩 웅크린 채, 그 어떤 '살아가는 의미'가 도착하기만을 기다리고 있다." 그래서 어떤 애도하는 사람은 제사장이기도 하다.

그는 죽었지만 우리 가슴에 영원히 살아 있을 거라고 말할 때, 혹은 어떤 나쁜 기억을 머리에서 지우고 싶어 머리채를 흔들 때 우리는 무의식적으로 하나의 대상에 깃든 두 개의 존재를 의식하고 있다. 무엇을 기억하고, 무엇을 망각할 것인가? 시공을 넘어 지속되는 한국이란 공동체는 이 선택적 기억과 망각의 결과다.

역사 속의 불교

한글본

2020년의 부처님 오신 날은 4월 30일이었으나 봉축 법요식은 5월 30일로 연기되었다. 조계종은 "불교의 정체성이 훼손될 수 있다는 우려가 있었지만" 코로나바이러스로 인해 초래된 "국가적 위기"를 극복한 뒤에 성대하게 잘 치르고자 봉축 법요식을 연기한다고 발표했다. 사실 축제를 위해 사람들이 모여들다 보면 자칫 유행 중인 코로나바이러스가 더 확산될지 모른다. "불교의 정체성이 훼손될 수 있다는 우려"라는 표현을 통해 우리는 조계종이 종교성과 세속의 긴장 속에서 봉축 법요식을 가까스로 연기했음을 짐작할 수 있다.

이처럼 국가와 민족을 한껏 고려하는 불교계의 입장은 매해 부처님 오신 날을 맞이하여 각 종단이 발표하는 봉축 법어나 성명에도 잘 드러나 있다. 불교에 따르면, "인생은 고해이며, 고해는 집착에서 온다. 그러니 국가와 민족 같은 것도 결국 인간의 집착이 만들어낸 허상이다"라고 말할 법도 한데, 그런 언명은 전혀 찾을 수 없다. 오히려 역대의 봉축 법어나 성명에는 "선열들의 애국심", "5000년 역사를 지닌 우리 민족", "불교(佛敎)는 1700년간 우리 민족 정신문화의 근간(根幹)"과 같은 애국애족(愛國愛族)적인 표현이 넘친다. 그뿐 아니라 부처님 오신 날 봉축식에는 문화부 장관이나 대통령이 참석하는 것이 관례가 되어왔다.

세속의 정치권력과 종교 조직이 이처럼 늘 큰 긴장 없이 지내온 것은 아니다. 알다시피, 유럽 역사에서 세속의 정치권력과 가톨릭교회는 자주 갈등과 긴장을 빚었다. 그중 1077년에 있었던 이른바 카노사의 굴욕은 세간에 널리 알려져 있다. 성직자 임명권을 두고 교황 그레고리오 7세와 신성로마제국 하인리히 4세가 격돌한 끝에, 하인리히 4세는 교황에게 용서를 구하기 위해 맨발로 찾아가 무릎을 꿇었던 것이다. 그렇다고 해서 교황이 늘 우위에 있었던 것은 아니다. 하인리히 4세는 나중에 교황을 폐위시키는 데 성공하고, 그레고리오 7세는 객사한다. 그뿐이랴. 1303년 교황청과 갈등을 빚던 로마의 콜로나 가문은 교황 보니파시오 8세를 아니니에서 생포한다. 시아라 콜로나(Sciarra Colonna)는 교황에게 욕설을 퍼붓고 뺨을 때리며 구타했고, 교황은 그 후유증으로 죽고 만다.

동아시아의 불교라고 해서 세속권력과의 관계가 시종일관 평화로웠을 리는 없다. 왕이나 승려나 모두 자기 영역에서 최고의 권위를 천명하고 있기에, 양자의 관계는 미묘한 문제일 수밖에 없다. 그 고민의 흔적이 동진(東晉, 317~420)의 혜원(慧遠, 334~416)이 지은 《사문불경왕자론(沙門不敬王者論)》에 잘 드러나 있다. 과연 승려들은 왕에게 절을 해야 하는가? 혜원에 따르면, 불교 성직자들은 왕에게 꼭 절을 할 필요는 없으나 일반 불교도들만큼은 왕에게 절을 해야만 한다. 인간에게

귀스타브 도레, 〈교황 그레고리 8세에게 굴복하는 이탈리아 군주들〉, 1883년

는 영혼의 구원과 세속의 질서가 다 중요하다는 점을 고려한 일종의 타협책이다. 이 문제는 그 이후에도 지속된다. 송나라 태종이 상국사(相國寺) 불상 앞에서 향을 태울 때 나도 절을 해야만 하느냐고 찬녕(贊寧) 화상에게 물은 적이 있다. 찬녕 화상은 그럴 필요 없다고 대답했다.

우리나라의 경우는 어떤가.《삼국사기》는 신라의 승려 원광(圓光)에 대한 흥미로운 일화를 전한다. 진평왕은 수(隨) 나라 병사를 끌어들여 고구려를 공격하려고, 원광에게 〈걸사 표(乞師表)〉(군사를 청하는 글)를 지으라고 명한다. 그러자 원광은 대답한다. "자기가 살려고 남을 멸하는 것은 승려의 할 짓이 아니지만, 제가 왕의 나라에서 먹고사는 처지에 어찌 감히 명령에 따르지 않겠습니까." 군사를 청하는 일이 승려가 할 짓이 아니라는 점을 원광이 분명히 인지하고 있었다는 점이 흥미롭다. 그럼에도 그는 "자기가 살려고 남을 멸하는(求自存 而滅他)" 일에 가담한다.

조선의 경우는 어떤가. 조선시대에 이르면 불교는 억압 되고 소위 유교가 흥했다고 우리는 알고 있다. 그 유명한 정 도전의《불씨잡변(佛氏雜辨)》만 읽으면, 마치 조선 건국 엘리 트들이 불교를 갈아 마실 듯이 증오한 것 같다는 인상을 받 는다. 실상을 살펴보면, 꼭 그런 것만도 아니다. 불교 비판 담 론은 유행했지만, 건국 엘리트들은 불교의 사회적 역할을 가

감 없이 수긍하기도 했다. 소위 조선 유학의 기틀을 만들었다는 권근조차 불교의 역할을 인정할 때는 거리낌이 없었다. 지방의 험한 산골에는(山谷阻絶之處) 맹수와 도적이 설치고 있는데(虎豹之可畏, 盜賊之可虞), 승려들이 바로 그러한 지방의 숙박 시설인 원(院)의 설립에 크게 기여했다고 권근은 인정했던 것이다.

그러나 조선은 결국 승려들의 도성 출입 금지 정책을 추진하여, 도성 내의 불교 흔적을 지우기 시작한다.《경국대전(經國大典)》에는 유생(儒生)이나 부녀자가 절에 가면 곤장 100대를 친다는 조항과 도성 내 사찰의 신설을 금지하는 조항이 있다. 그리고 영조 때의《속대전(續大典)》〈금제조(禁制條)〉에는 승려의 도성 출입 금지 조항이 실려 있다. 1895년 음력 3월에 와서야 〈고종실록〉에 승려들의 도성 출입 금지 완화를 허락하는 조치가 나오는 것을 보면 조선시대에 적어도 도성 내에서는 불교 억압이 진행된 것이 사실인 것 같다.

이와 관련하여 1918년에 출간된 이능화의《조선불교통사(朝鮮佛敎通史)》는 다음과 같은 흥미로운 질의를 담고 있다. "조선시대의 금령은 매양 성문 출입을 못 하도록 하는 것이었다. (…) 알 수 없는 바는 어찌 성문 밖이라 하여 유독 국왕의 영토가 아니며 또한 국왕의 법과 무관하다는 것인가? 승려가 사악하다고 하여 도성 출입을 금지한다면, 성 밖의 백성

은 무슨 죄가 있는가?" 꼭 성 밖의 백성들을 무시해서 그랬을
까? 국가의 능력이 부족해서 성 밖까지 금지할 수 없었던 것
은 아닐까? 혹은 성 밖에서는 사찰과 승려가 꼭 필요했던 것
이 아닐까?

소위 유학적 계몽 군주라는 정조의 강론집 《일득록(日得
錄)》에는 다음과 같은 흥미로운 발언이 실려 있다. "승려들이
떠돌아다니며 입고 먹는 것은 가증스럽다고 하겠다. (…) 또
한 떠돌아다니며 입고 먹는다라고만 할 수도 없다. 우리나라
의 지방은 도처가 다 깊은 산과 험한 골짜기다. 만약 사찰이
별처럼, 바둑알처럼 늘어서 있지 않았다면, 강도의 소굴이 되
고야 말았을 것이다. 이에 승려들도 도움이 없다고 할 수 없
다."(僧徒之游衣游食. 固可憎. … 亦未可謂游衣游食. 且我國地方, 到處皆
深山絶峽. 若無寺刹之星羅棊列者, 必盡爲強盜窟穴, 於是乎僧亦不爲無助.)
이러한 정조의 발언을 통해 우리는 몇 가지를 새삼 깨닫는다.

실로 우리나라에는 산지가 많았구나. 1910년에 시행된
조선토지조사사업에 따르면, 조사된 2300만 헥타르 중 1813
만 헥타르가 산지였다. 정조의 말을 통해 조선 후기의 국가
공권력이 산지를 제대로 장악하지 못하고 있었음을 알 수 있
다. 즉 엄청난 양의 영토에 국가의 힘이 가닿지 않고 있었던
것이다. 동시에 숭유억불(崇儒抑佛)이라는 표현에 어울리지
않을 정도로 사찰이 지방에 아주 많았다는 사실도 보여준다.

1765년에 출간된《여지도서(輿地圖書)》는 한성부를 뺀 지역의 사찰 수를 1524개 정도로 전하는데, 이는 1530년에 출간된《신증동국여지승람(東國輿地勝覽)》에 나오는 1638개라는 전국 사찰 수에 비해 크게 줄어들지 않은 숫자다. 정조의 말을 통해 그 많은 사찰은 다 나름대로 국가에 필요한 존재들이었기에 남아 있었다고 추측해볼 수 있다. 아무리 이데올로기적으로 억불(抑佛)을 외쳐도 현실적 필요가 있으면 국가와 종교는 공조한다는 사실을 여기서 새삼 확인할 수 있다.

오늘날에도 선거철에 정치인들이 종교계 인사를 부지런히 만나러 다니는 모습을 보며, 정치권이 얼마나 종교 교단의 힘을 필요로 하는지 알 수 있다. 그리고 종교 조직들이 국가의 촉수가 채 미치지 못한 영역에서 여러 활동을 해왔음을 과거 코로나바이러스 사태를 통해서도 확인할 수 있었다.

성군은 없다

한국의
정치 공동체

여전히 공약을 지키지 않고 있는 '민주 공화정' 정부를 원망할 때가 왔다. 일 년 동안 자기 수양을 통해 길러온 인내심을 한껏 충전한 뒤, 컴퓨터를 켠다. 주거래 은행 인터넷 뱅킹 사이트를 방문하고, 굶주린 좀비처럼 뛰쳐나오는 온갖 보안 파일을 차곡차곡 다운받아 설치한다. 공인인증서를 갱신하기 시작한다. 갱신한 공인인증서를 컴퓨터 하드에 저장했다고 해서 일이 끝난 것은 아니다. 스마트폰에 공인인증서를 복사하기 위해서 앱을 구동하고, 새로 만든 16자리 비밀번호를 쳐 넣어야 한다. 바쁜 연말에 이 지난한 과정을 마치고 나면, 뭔가 혁명을 하거나 몹시 단것을 먹지 않으면 안 될 것 같은 비장한 기분에 사로잡힌다.

그럼에도 공인인증서가 있는 공화정(共和政)과 공인인증서가 없는 왕정(王政) 중에 선택해야 한다면, 나는 공화정을 선택할 것이다. 많은 사람이 독립적인 정치 주체라기보다는 신민(臣民)에 불과했던, 졸렬한 왕정시대로 돌아가고 싶은 생각은 없다. 아무리 세종이나 정조 같은 성군(聖君)이 다스린다고 해도, 왕정이라는 이름의 평범한 지옥으로 다시 돌아가고 싶은 생각은 추호도 없다. 성군이라니, 인간이 그토록 대단한 존재일 수 있는 것일까. 도덕적으로 완벽하고, 지하실에서도 무지개를 보는 혜안을 가지고, 백성의 고통을 눈 녹듯 사라지게 할 신통력을 가진 존재일 수 있는 것일까. 기껏해야 고함을 지르며 서류를 집어 던지는 대신 눈치 없이 색소폰을 부는 직장 상사와 같은 존재가 아니었을까.

내가 만나본 지구인들은 약간의 책임감과 또 약간의 소유욕과 또 약간의 질투를 동력으로 해서 성실히 하루하루를 보내다가, 주말이 되면 방 안에 엎어져 뽁뽁이나 터뜨리며 휴식을 취하는 보통 사람들이 대부분이었다. 개중에는 간혹 제법 그럴싸한 야심과 능력을 가진 사람들도 있었지만, 대개는 살아 있기에 그냥 살아가는 사람들이었다. 어느 경우든 종종 자기 자신으로부터 도망치고 싶어 한다는 점에서 위대한 성군과는 거리가 멀었다.

왕조시대의 성군이란 완전한 인간이라기보다는 자아 수양을 통해 보다 나은 인간이 되기 위해 노력하는 존재들에 불과했을지도 모른다. 그러나 대개의 인간은 날로 먹을 수 있다면 날로 먹으려 드는 존재, 도저히 날로 먹을 수 없다는 것을 통절하게 깨달았을 때에야 간신히 노력을 시작하는 존재들이 아니던가. 보통의 인간은 자신의 무능과 이기심을 반성하기는커녕, 남을 탓하면서 자신을 위로하는 존재가 아니던가. 반성을 하더라도 자신이 반성한다는 사실을 만천하에 전시하려 드는 존재들이 아니던가. 결국 왕조시대의 임금이 자아 수양을 좋아했다고 말하는 것은 그늘에 앉아 더위를 좋아했다고 말하는 것과 같은 것이 아닐까.

현실에서 만나볼 수 있는 성인이란 거래 은행에서 공인인증서를 갱신하고 스마트폰에 복사까지 하면서도 정부를 저주하지 않는 인격자 정도다. 사정이 이러하다면, 진짜 성군이 된다는 건 저 멀리 은하계처럼 아득한 일이 아닐까. 조선시대에 성군이란 사실 외계인이 아니었을까. 지구에 불시착한 외계인이 너무 수줍은 나머지 외계인이 아니라 성군이라고 둘러댄 것이 아니었을까. 왕조시대의 사정이 이러할진대, 공화국의 경우에서라면 더 말할 것도 없다. 데이트 상대가 못생겼는데도 귀엽게 보이면 망한 것이듯, 공화정의 정치인이 성인처럼 보이면 망한 것이다.

그러나 현실에 성인이 정말 존재한다면? 우리는 그에게 정치공동체의 온갖 고민을 해결해달라고 외주를 주면 되지 않을까? 정말 성인이 존재하기만 한다면 말이다. 이런 궁금증을 해결할 만한 실마리가 약 10년 전에 발견되었다. 성군으로 알려진 정조가 당시 정계의 거물 심환지에게 보낸 비밀편지 다수가 세상에 공개된 것이다. 그 편지에서 이른바 성군 정조는 시원하게 욕을 내뱉는다. 이 "호로 자식이(眞胡種子)!" 그뿐이랴. 폭력으로 을러대는 일마저 서슴지 않는다. "모(某)를 처치하는 데에 한주먹 힘이면 충분하다(處置某也一拳大之力足矣)." 정조를 성군으로 존경해왔던 사람이라면 큰 충격을 받을 만한 사료임에 틀림없다. 만약 이순신 장군이 원균에게 비밀 편지를 보내서 "나는 사실 왜놈들 잡아 죽이는 게 너무 재밌어. 내가 열심히 싸우는 건 애국심보다는 살을 벨 때 느끼는 쾌감 때문이야"라고 말했다면 이와 비슷한 충격을 받을까. 그런 충격을 예상했음인지, 정조는 자신의 편지를 읽고 나서 즉시 찢어버리라고(此紙卽扯之也), 혹은 불태우라고(此紙卽丙之) 요구했다. 그러나 수신자는 끝내 정조의 편지들을 없애지 않았고 그로 인해 현대의 독자는 이른바 성인의 마음을 좀 더 들여다볼 실마리를 얻게 되었다.

이런 자료를 통해 드러난 조선시대 성군의 모습이란 도덕적으로 완벽한 존재라기보다는 지킬 박사와 하이드의 모습에 가깝다. 《지킬 박사와 하이드》는 조선시대 못지않게 도덕적 엄숙주의가 팽배했던 빅토리아시대 말기에 발표된 로버트 루이스 스티븐슨의 소설이다. 널리 알려진 바와 같이 지킬 박사는 마치 성인군자인 양 사회에 선행을 아낌없이 베풀고, 과학적 지식 탐구에 매진하는 신사다. 반면 그에게 깃들어 있는 또 다른 존재인 하이드는 약자를 살해하기를 서슴지 않는 흉악한 인물이다. "다른 사람에게 어떤 고통을 주든 거기서 짐승처럼 게걸스러운 쾌락을 느꼈고, 타인의 고통에 대해 돌부처처럼 무감각했네." 이러한 하이드의 모습은 이성적이고 차분한 과학자 브루스 배너 박사에 깃든 헐크의 모습을 닮았다. 혹은 성군 정조에게 깃든 욕쟁이 중년 사내를 닮았다.

사정이 이렇다고 해서 조선시대의 성군이나 빅토리아시대의 지킬 박사를 위선자라고 쉽게 단정할 수는 없다. "호로자식!"이라고 욕을 했다고 해서 정조가 꼭 염치없는 사람이고, 자신의 몰염치함을 가리기 위해 성인이라는 위선의 탈을 썼다고 단정하기에는 이르다. 어쩌면 그 두 모습 모두 정조의 진면모인지도 모르기에. 《지킬 박사와 하이드》에서 헨리 지킬은 이렇게 말한다. "나를 위선자라 부를 수는 없었네. 내 양면은 둘 다 아주 진지했기 때문이지. 나는 절제를 벗어던지고 수치스러운 일에 덤벼들 때나 밝은 대낮에 지식의 향상이나 슬픔과 고통의 경감을 위해 열심히 일할 때나 모두 나 자신에게 충실했거든." 만약 타임머신을 타고 정조에게 비밀 편지를 들이대며 왜 욕지거리를 하느냐고 따져 묻는다면 정조는 이렇게 대답할는지 모른다. "나를 위선자라 부를 수는 없네. 내 양면은 둘 다 아주 진지했기 때문이지. 내가 백성들 앞에서 성인군자 행세를 할 때나 남들이 안 볼 때 쌍욕을 해댈 때나 모두 나 자신에게 충실했거든." 그렇다면 이것은 위선에 대한 이야기가 아니라 '인간은 참으로 하나가 아니라 둘이라는 사실'에 대한 이야기다.

이처럼 인간은 이중적 존재, 아니 다면적 존재일지 모르지만, 그래도 인간은 하나의 통합된 정체성을 가진 존재로서 사회에 참여한다. 마치 하나의 국가가 통합된 정체성을 가진 존재로서 국제기구에 참여하는 것처럼. 다만, 그 인간의 정체성이 생각보다 조화로운 요소의 결합이 아닐 뿐. "인간이란 궁극적으로 각양각색의 조화롭지 않고 독립적인 시민들이 모인 정치체로 밝혀지게 될 거라고 감히 추측하네." 관리, 성인, 유아, 외국인, 자본가, 노동자, 실없는 사람 등 다양한 구성원이 모여 갈등 속에서 하나의 정치체를 이루어 살듯이, 뇌, 십이지장, 쓸개, 임파선, 전립선, 이성, 감정 등이 모여 불협화음 속에서 그럭저럭 하나의 인격체로서 살아나간다. 하나의 정치공동체에서건, 한 명의 인간에서건, 이 아슬아슬한 통합을 이루어내는 기제가 바로 정치적 정체성이다. 로버트 루이스 스티븐슨이 인간을 정치체에 비유한 것은, 일견 조화로워 보이는 인간이나 사회에도 존재의 분열이 있다는 것, 인간의 두뇌와 위장은 항상 사이가 좋은 편은 아니라는 것, 오른손에게 해로운 일을 왼손이 저지르기도 한다는 것, 계급 간, 지역 간, 젠더 간에는 갈등이 있기 마련이라는 것을 상기시킨다. 그 분열을 재조정하는 것이 바로 정치다. 존재의 분열을 인정하는 한 정치는 불가피하고, 정치를 긍정하는 한 존재의 분열을 인정해야 한다.

천주당에 가서 그림을 보다

한국의 보편과 특수

오늘날에 비해 외국 여행이 어려웠던 조선시대, 그때도 외국 구경을 할 수 있는 정기적인 기회가 있었으니, 바로 중국에 사신으로 가는 일이었다. 청나라가 성립한 17세기에는 중국 현지 구경을 해보겠다는 조선 지식인들의 열망이 그다지 크지 않았다. 오랑캐라고 멸시해오던 청나라가 명나라를 멸망시킨 데 대한 충격이 컸기 때문이다. 그에 더하여, 조선 문화야말로 탁월한 '보편' 문명이라고 주장하는 조선 중화주의가 팽배했으니, 딱히 직접 가보고 싶은 심정이 들지 않는 것도 당연했다.

하루빨리 망해버리기를 바랐던 청나라는 망하기는커녕, 융성을 거듭하여 18세기에는 그 명성이 외국에까지 널리 알려졌다. 청나라의 발전 정도가 괄목할 만하다는 풍문을 들은 조선의 '힙스터'들은 두 눈으로 직접 오랑캐의 발전상을 확인해보고 싶은 마음이 들었다. "비록 더러운 오랑캐이나 중국을 차지하여 100여 년 태평을 누리니, 그 규모와 기상이 어찌한 번 보암직하지 않겠는가." 그리하여 그들은 사신으로 북경에 가는 친척들에게 부탁해서 '자제군관(子弟軍官)'이라는 수행원 자격으로 사신단의 일부가 되었다.

이들 중에서도 특히 북경의 번화한 문물에 감탄하고 조선의 개혁을 주장한 그룹이 이른바 '북학파(北學派)'다. 그 유명한 홍대용, 박지원, 박제가와 같은 이들이 그 일원이다. 박제가는 《북학의(北學議)》에서 말한다. "우리 조선 선배들은 세계 한 모퉁이의 구석진 땅에서 편협한 기풍을 지니고 살고 있다. 발로는 모든 것을 가진 중국 대지를 한번 밟아보지도 못했고, 눈으로는 중국 사람을 한번 보지도 못했다."

북경에 간 18세기 조선 지식인들이 꼭 가보고 싶어 했던 곳이 천주당(天主堂)이다. 당시 천주당은 그야말로 외국 중의 외국이라고 할 수 있는 곳이었다. 조선인에게는 북경도 외국이었지만, 천주당은 그 북경 안에서도 서양의 종교와 문물을 접할 수 있는 정말 신기한 곳이었던 것이다. 조선 지식인들은 자신의 북경 체험을 연행록(燕行錄)이라고 부르는 여행기에 담았는데, 그 내용을 보면 그들이 천주당에서 서양 과학 기물, 책, 그림들을 보고 얼마나 경이로워했는지 알 수 있다.

그중에서도 원근법을 사용해서 핍진한 느낌을 주는 서양 회화에 큰 인상을 받은 흔적이 뚜렷하다. (진짜 같아서 그림 속 사람이) "살아 있는 듯했다", "얼핏 보고는 곧 살아 있는 개라 여기다가 다가와서 자세히 본 후에야 그림인 줄 알았다", "가장 이상했던 것은 구름을 헤치고 얼굴을 드러낸 자가 두어 장(丈) 정도 깊은 곳에 있는 듯 보였던 것이다", "필법이 정교하고 기이하여 중국 사람들이 미칠 수 있는 바가 아니었다." (《연행사와 북경천주당》)

북학파 지식인 중에서 가장 먼저 북경 여행을 한 사람이 홍대용이다. 그가 천주당 내 종교화를 보고서 남긴 기록이 흥미롭다. "서쪽 벽에는 죽은 사람을 관 위에 얹어놓고 좌우에 사내와 여인이 혹 서고 혹 엎드려 슬피 우는 모양을 그렸으니, 소견에 아니꼬워 차마 바로 보지 못하였다. 왕가에게 그 곡절을 물으니, 왕가가 이르기를, '이는 천주가 죽은 모습을 그린 것입니다'라고 하였다."《을병연행록(乙丙燕行錄)》)

홍대용은 종교화 중에서도 무슨 그림을 본 것일까? 그리스도교 미술에 익숙한 사람이라면, 홍대용이 언급한 그림이 그리스도의 십자가 처형 이후의 상황을 묘사한 것이라고 어렵지 않게 추측할 수 있다. 그리스도의 십자가 처형 이후 슬픔의 묘사는, 피에타(Pietà), 애도(The Lamentation), 매장(The Entombment) 등으로 나뉜다. 피에트로 페루지노(Pietro Perugino)의 〈피에타〉, 얀 호사르트(Jan Gossaert)의 〈애도〉, 알브레히트 뒤러(Albrecht Dürer)의 〈매장〉을 비교해보자. 이 중에서 "죽은 사람을 관 위에 얹어놓고"에 해당하는 묘사를 포함한 것은 〈매장〉뿐이다.

〈매장〉 그림을 본 홍대용의 소감에서 가장 흥미로운 대목은 "소견에 아니꼬워 차마 바로 보지 못하였다"라고 한 부분이다. 사람들이 한창 슬퍼하는 그림을 보고, 그 슬픔에 공감하지는 못할망정 왜 아니꼽다고 한 것일까? 이는 단순히 홍대용 개인의 성격을 반영한 말일까? 아니면, 슬픔을 안으

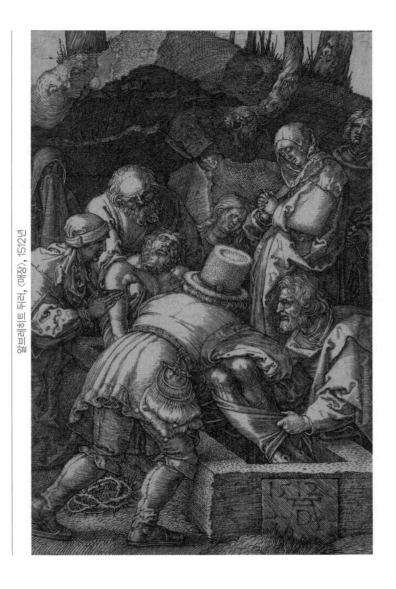

로 삼키는 자기 절제력을 촉구하고 싶어서 한 말일까? 그도 아니면, 감정의 조절을 강조한 '주자학적' 조선 문화의 특징을 드러낸 말일까?

예술 작품에서 감정의 묘사는 단순히 예술가 개인의 취향 문제에 그치지 않는 경우가 많다. 한껏 울음을 터뜨리는 모습을 집중적으로 묘사한 조선시대 그림이나 조각은 찾기 어렵다. 반면, 플랑드르 회화나 중세 부르고뉴 조각에서는 한껏 눈물 흘리는 모습을 묘사하는 것이 중요한 예술적 모티브였다. 이처럼 감정의 묘사는 서로 다른 문화적 양상을 비교해볼 수 있는 실마리를 제공한다. 지금까지 '보편성'을 자임하던 문화는 타문화에 접했을 때 기껏해야 또 하나의 '특수한' 문화였음이 판명되는 경우가 많다. 홍대용이 천주당에서 종교화를 본 순간은 '보편'이 '특수'가 되는 순간이기도 하다.

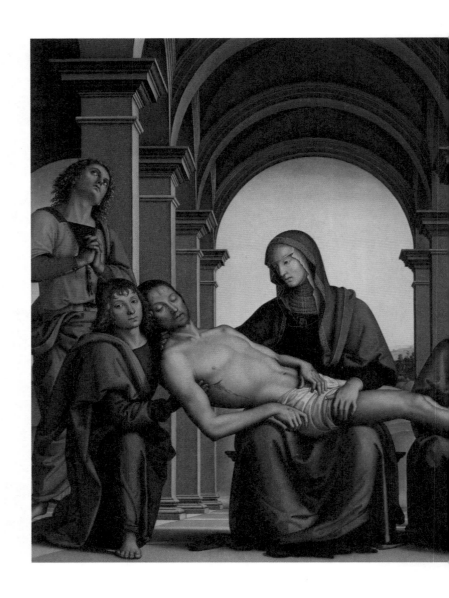

로히어르 판 데르 베이던, 〈십자가에서 내려지는 그리스도〉 중 일부, 1435년

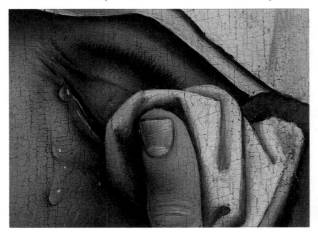

유교랜드

한국의
유사종교

* 2020년 8월에 쓴 글입니다.

한국의 전통문화에 관심이 있어서 안동을
여러 차례 답사한 적이 있지만, 2013년에 문을 연 안동의 유
교랜드에는 한 번도 가지 않았다. 자학(自虐)의 충동이 일어날
때 가려고 미루어두고 있었다. 그러던 와중 지난달 말, 유교
랜드에 대한 신문 기사가 하나 떴다. "혈세 축내는 유교랜드"
라는 제하의 기사는 지방자치단체가 운영비를 대는 공공 시
설 현황을 비판적으로 다루고 있었다. 그에 따르면, 유교 관
련 테마파크를 표방한 유교랜드의 경우 430억의 국비를 들여
설립했지만, 입장객이 얼마 없어 적자 폭이 커지고 있다.

그 기사가 나가자 SNS에는 다양한 반응들이 쏟아졌다.
"안동 유교랜드ㅋㅋㅋㅋㅋㅋ 정신 차려, 이 사람들아", "1년
입장객 수입이 2~3억 원에 그쳤다는 뉴스에 놀라지 않을 수
없었다. 어떤 미친놈들이 저런 델 갔을까 싶어서", "일종의 정
신 지체 현상이에요", "와, 돈 받고도 안 가게 생겼네", "이름
도 웃기다, 유교랜드", "한국인의 정체성을 알고 싶으면 유교
랜드를 가보라고" 등등. 유교랜드가 시대착오적이라고 비웃
는 사람들이 대부분이었다.

이런 반응에 마주하자 유교랜드에 꼭 가봐야 한다는 결
기가 마음 깊은 곳에서 불끈 솟아났다. "어떤 미친놈"이 기어
이 되어주고 싶다는 욕망, 꼭 가서 기어이 입장료를 내보고
싶다는 욕망이 꿈틀거렸다. 가야 한다. 반드시 가보아야 한

다. 가보지도 않고 성급한 판단을 내려서는 안 된다. 누군가는 직접 가서 한국 테마파크 역사의 산증인이 되어야 한다. 한국인의 정체성을 알고 싶으면 가보라고 하지 않는가. 한국의 정체성, 역사, 정치, 사상, 문화 등 한국에 대한 근본적 물음을 다룬다는 기획에 딱 들어맞는 대상이 아닌가.

막상 떠나는 일은 쉽지 않았다. 고독한 답사가를 자처하는 사람이었건만, 발걸음이 쉽게 떨어지지 않았다. 모든 비용을 내가 댈 테니 함께 유교랜드에 갑시다! 이 너그러운 제안을 가족도 조교도 모두 거부했다. 싫어요! '너님'이나 가세요! 그러나 세상에는 인류학적 탐구욕을 품고 먼 곳과 옛것에 비상한 관심을 갖는 사람들이 하나둘쯤은 있는 법. 그들과 의기투합하여, 아침 일찍 강남 고속버스 터미널에서 회동했다. 일행 중 아무도 테마파크에 데려갈 만한 아이를 키우는 사람은 없었다.

버스를 기다리며 대화가 시작되었다. "그래도 테마파크라는데 왜 입장객이 그렇게 없다는 걸까요? 아이들을 데려가서 놀면 되지 않나요." "이런 테마파크에는 일종의 역사 체험이라고 해서 회초리 체험 센터 같은 게 있대요. 아이들이 과연 회초리 맞으러 따라나서겠어요?" "설마, 정말 그런 게 있을라고요."

안동 지역에 진입하자 "한국 정신문화의 수도"라는 표어

가 보였다. 2006년에 "한국 정신문화의 수도 안동"이라는 브
랜드를 안동시가 특허청에 등록하고 선포했기 때문이다. "정
신문화의 수도"란 역사적 의의가 담긴 표현이다. 관직으로
환원되지 않는 가치를 추구하는 선비들이 모여 살던 고장이
라면, 정치적 수도인 한양에 경쟁할 수 있는 "정신문화의 수
도"라는 말을 붙여볼 만도 하지 않은가. 많은 "한국 정신문화
의 수도" 팻말을 거쳐 마침내 유교랜드에 도착했다. 입장객
을 맞는 간체자 중국어 안내를 보며, 예상 고객의 상당수가

중국인 관광객이라는 것도 알게 되었다.

　유교랜드 내부는 일정한 순서를 따라 관람하게끔 되어
있다. 제일 처음 마주하게 되는 장면은, 오토바이를 옆에 두

고 청소년 마네킹들이 서 있는 모습이다. 그들 옆에는 "14세 미만 소년범 5배로 급증"이라는 글이 붙어 있다. 즉 유교랜드의 세계는 도덕이 땅에 떨어진 난세를 개탄하는 일로부터 시작된다. 조금 더 걸어가면 "우리는 지금 행복한가"라고 묻는 형광 글씨가 나타난다. 이어서 청년들이 술집에서 술을 마시는 혼란스러운(?) 세태 묘사가 나온다. 거기서 조금 더 걸어가면, "이것이 우리가 꿈꾸는 세상인가"라는 형광 글씨가 나타난다. 이어서 "지금 우리는 어디로 가고 있는가"라고 묻는 형광 글씨가 나타나고, 주변에 청소년 비행, 환경 문제, 기아 문제, 테러 문제 등을 나타내는 여러 비관적인 사진들이 잔뜩 붙어 있다. 이 사진들은 모두 우리가 사는 현대 세계의 어두운 단면을 나타낸다.

유교랜드는 절망하지 않는다. "유교, 그 아름다운 세상을 찾아서"라고 쓴 형광 글씨가 나타난다. 마침내 대안을 제시한다. "왜 하필 이익을 논하십니까(何必曰利)?"라는 맹자의 말이 적혀 있다. 탐욕의 제거, '나라에 충성, 부모에 효도'라는 윤리적 실천을 통해 세계의 여러 부정적인 모습을 극복할 수 있다는 메시지를 전한다. 실제로 작동했던 과거 사회는 단순히 그러한 도덕률의 선양과 탐욕의 절제로만 유지되지는 않았건만, 소위 유교의 의의를 연구하는 많은 현대 학자는 현대의 제반 문제를 그런 도덕률로 해결할 수 있다는 취지의 논문을 발표해왔다. 그리고 이러한 도덕적 메시지는 과거의 사상과 문화의 실제를 닮았다기보다는 세상의 복잡한 문제를 도덕적 조언으로 해결할 수 있는 것처럼 주장하는 상당수 현대 지식인들을 닮았다.

한 층 더 올라가면, 영상 상영관이 나온다. 상영물의 제목은 "인의와 예지의 도깨비 나라"다. 지금은 상영 시간이 아니라기에 직원에게 영상물의 줄거리만 물어보았다. 어른 말을 안 들으면 도깨비가 아이를 혼내주는 스토리라고, 직원이 친절하게 답해주었다. 과거 안동 지역에 유행했던 주자학이라는 사상 체계는 결과로 주어지는 보상 때문에 도덕을 추구해서는 안 된다고 역설했건만, 이 영상물은 결국 보상 체계를 통해 아이들에게 도덕을 주입하려는 것처럼 보였다. 그 점에서 주자학보다는 보상을 통해 행동을 유도하려는 현대의 많은 논의를 닮았다.

맨 위층에는 심청이 코너가 있다. 안내판에는 이렇게 적혀 있다. "심청이라고 해요. 이제 곧 배를 타고 바다에 나가, 용왕님께 제물로 바쳐질 몸이랍니다. (…) 아버지의 은혜에

저는 황주 도화동에 사는
심청이라고 해요.

이제 곧 배를 타고 바다에 나가, 용왕님께 제물로 바쳐질 몸이랍니다.
어쩌다 이런 신세가 되었냐고요? 실은 눈이 안 보이시는 저희 아버지가
얼마 전 '부처님께 공양미 삼백 석을 바치면 눈을 뜰 수 있다'는 이야기를
들으셨거든요. 저희 형편에는 엄두도 안 나는 일이라 포기하셨지만요.
한데 마침 상인들이 인당수를 건너기 위해 용왕님께 바칠 처녀를 구하고
있지 않겠어요? 그래서 전 공양미 삼백 석과 아버지를 여생을 편히 보내실
돈을 받는 대가로 제물이 되기로 했답니다. 눈먼 몸으로 저를 힘겹게
키워주신 아버지의 은혜에 조금이라도 보답하고 싶으니까요. 하지만
나중에 아버지가 이 일을 알고 슬퍼하실 걸 생각하니 마음이 아프네요.
아, 이제 곧 배가 출발하려나 봐요. 여러분도 배에 타실 건가요?

조금이라도 보답하고 싶으니까요. (…) 아, 이제 곧 배가 출발
하려나 봐요. 여러분도 배에 타실 건가요?"타고 싶지 않았
다. 아래층으로 서둘러 내려왔다.

　지하층으로 내려오니, 휴식하는 입장객들을 위한 서가
가 있었다. 각종 위인전, 역사책 등과 함께《왜 당신의 시계는
멈춰버렸을까》,《반기문 총장님처럼 되고 싶어요》,《아내가
결혼했다》,《부부? 살어 말어》,《한국형 가치투자 전략》과 같
은 책들이 꽂혀 있었다. 그때서야 작은 깨달음이 왔다. 그렇
군, 유교랜드는 과거의 한국 문화를 보여주는 곳이 아니라 현
대 한국을 보여주는 곳이군. 프랑스의 사상가 장 보드리야르

는 디즈니랜드는 '실제의' 나라, '실제의' 미국 전체가 디즈니랜드라는 사실을 감추기 위해 거기 있다고 말한 적이 있지. 유교랜드는 실제의 나라, 실제의 한국 전체가 유교랜드라는 사실을 감추기 위해 안동에 있는 것이 아닐까. 꼭 과거에 존재했던 문화라기보다는 현대 한국이 발명한 '유교'의 랜드.

유교랜드에는 중국인 관광객을 유치해야 하는 한국 관광산업의 현실과 지역경제를 활성화해야 하는 지방자치체의 현황과 결국 도덕률로 환원되고 마는 정치적 비전과 젊은 세대에 대한 얄팍한 이해와 계층 이동을 바라는 부모의 마음과 조악하게 재발명되고 있는 전통의 모습과 이익을 논하고 있는 한국 투자자들의 마음과 거대한 투자처처럼 된 현대 한국의 모습이 모두 전시되어 있다. 유교랜드는 과거 유교 문화의 테마파크가 아니라 현대 한국을 구현한 테마파크다.

고속버스로 어둠을 뚫고 상경하면서 다음 답사지를 머리에 떠올려보았다. 그것은 바로 청주시에서 187억을 들여 짓고 있는 태교랜드. 태교랜드의 "앞은 저수지, 뒤는 산지여서 아늑한 공간으로 산모와 영유아 부모들에게 인기를 끌 것"이라고 한다. 무자식 상팔자라는 생각이 들 때 그곳에 가볼 일이다.

노비랜드

한국어

노비

유교랜드에 다녀오자 여러 가지 제안이 들어왔다. 유교랜드와 태교랜드 이외에도 방문할 가치가 있는 테마파크가 여러 곳 있으니 가보라는 것이었다. 예컨대, "효의 가치와 의미에 대한 재확립"을 추구하고 "민족 전통 계승과 효 문화 교육에 기여"한다는 대전의 '효!월드', "세계 최대의 성건강, 성교육, 성문화의 메카"를 표방한 제주도의 '건강과 성 박물관', 철원군이 110억 원을 투입해서 조성 중인 '궁예 태봉국 테마파크' 등. 그중 내 호기심을 가장 자극한 것은 음성의 '큰 바위 얼굴 테마파크'였다. 소크라테스, 공자, 마호메트, 아리스토텔레스, 다보탑, 샤론 스톤, 마르크스, 빈 라덴, 타이거 우즈, 역도산, 최규하, 전두환, 명성황후, 단군상 등이 함께 전시되어 있는 곳이라니, 자못 장관일 것 같았다.

이처럼 각양각색의 테마파크를 알게 되다 보니, 실로 테마파크의 존재는 그 나라에 대해 뭔가 흥미로운 진실을 드러내주는 것 같다는 생각이 들었다. 언젠가 꼭 전국 테마파크 순례 및 인류학적 연구를 해보리라. 그런데 존재만큼이나 부재(不在)도 뭔가 의미심장한 진실을 드러내주는 법. '유교랜드', '태교랜드', '효!랜드', '큰 바위 얼굴 테마파크'까지 있을 정도면, 응당 있을 법한 테마파크인데 기어이 존재하지 않는 테마파크는 무엇일까? 그 테마파크의 부재는 한국에 대해 뭔가 의미심장한 것을 시사하지 않을까?

부재하는 테마파크 중에서 첫손에 꼽을 만한 것이 바로 노비랜드다. 한국 역사에서 노비의 존재는 부정할 수 없는 사실이다. 양반이라는 상대적 유한 계층이 있었으니만큼, 전적으로 노역에 시달리는 노비층도 있었던 것이다. 노비의 인구가 어느 정도였는지에 대해 학자들 간의 확실한 합의는 없고 또 노비 숫자는 시대별로 증감이 있었지만, 적어도 조선시대 인구의 30퍼센트 정도는 되었다고 추정하는 학자들이 많다. 그 막대한 숫자의 세습 노역 인구는 전근대 한국 사회가 굴러가는 데 필수적인 역할을 했던 존재들이다. 서양의 대표적 한국사 연구자였던 제임스 팔레는 1995년에 "한국적 특수성을 찾아서(A Search for Korean Uniqueness)"라는 자극적인 제목의 논문을 발표했는데, 그 주요 논지 중 하나는 노비의 존재야말로 한국사의 특징이라는 것이었다.

제임스 팔레는 한국에 존재한 노비를 기본적으로 노예(slave)로 간주했기에, 그에 동의하지 않는 학자들은 여러 가지 반론을 제기했다. 특히 노예와 노비의 차이점에 주목해야 한다는 주장이 나왔고, 아울러 노비가 존재했다고 한들 그것을 해당 사회의 핵심적 특징으로 간주할 수 있느냐를 두고 논란이 벌어졌다. 누구의 의견이 옳든 전근대 한국 사회를 운영하는 데는 노비 노동이 필수 불가결했으니만큼, 노비를 주제로 한 테마파크가 하나쯤 있어도 이상하지 않을 것이다. 양반 연구만큼은 아니지만, 노비 연구도 어느 정도 이루어졌고 노비를 소재로 한 드라마도 있었던 점을 감안한다면, 만들어볼 만하지 않은가, 노비랜드. 샤론 스톤과 빈 라덴을 다루는 테마파크도 있는 마당에 말이다.

노비에 관해 가장 흥미로운 점은 현대 한국인 개개인과 무관한 존재로서 철저히 대상화되어왔다는 사실이다. 거칠게 말하여, 노비가 조선시대 인구의 약 30퍼센트 정도를 차지했다면, 현대 한국인 조상 중에는 대개 노비가 포함되어 있거나 모종의 관계가 있을 것이다. 그러나 현대 한국에서 노비의 자손이라고 자처하는 사람은 찾기 어렵다. 거꾸로 집집마다 자기 집안이 양반 집안이었음을 표방하는 족보가 존재한다. 한국의 족보가 흥미로운 점은 이른바 큰 바위 얼굴 중심으로 가계가 조직되어 있다는 사실이다. 무슨 씨, 무슨 공파, 몇 대손 운운. 즉 조상 중에서 출세한 사람을 골라, 자신이 그의 몇 대손임을 내세우는 것이다. 그 큰 바위 얼굴은 현달(顯達)한 양반이었기에, 대개 노비 주인이었을 것이고, 옛날 노비 주인은 종종 노비를 구타했다. 반면, 특별히 남을 구타하거나 구타당하지도 않고, 집 안에서 게으르게 몸을 뒤척이던 인물은 한국 족보의 중심인물이 될 수 없다. 유교랜드에 가면 족보 자료를 통해 자신의 선조와 가계를 찾아볼 수 있게 해주는 서비스가 있는데, 그 서비스를 통해 결국 도달하는 정점은 과거에 출세한 큰 바위 얼굴 조상이다.

족보와 관련하여 또 하나의 흥미로운 사실은, 현존 족보의 대부분 혹은 상당수는 위조된 족보라는 점이다. 결코 양반이 아니었던 이들이 양반을 자처하기 위해 족보를 위조하는 일이 19세기와 20세기에 집중적으로 벌어졌다. 어느 한 개인이나 한 지역에서 벌어진 일이 아니라 전국에서 광범위하게 벌어진 일이었다. 20세기 전반 한국의 대표적 베스트셀러가 족보였다는 사실 저변에는 이러한 사회사가 깔려 있다. 노비라는 가계를 집단적으로 세탁함을 통해 현대 한국인이 탄생했다고 해도 과언이 아니다. 염상섭의 소설《삼대》는 가짜 족보의 탄생 과정을 흥미진진하게 묘사하고 있다.

이렇게 볼 때 한국사에서 노비는 단순히 신분제 때문에 흥미로운 존재가 아니다. 노비는 집단적인 망각과 무시의 대상이었다는 점에서도 사뭇 흥미롭다. 그토록 많은 노비가 실존했으나 지금은 노비의 자손(을 표방하는 사람)을 거의 찾아보기 어려운 곳이 바로 현대 한국이다. 동시에 강남의 고급 아파트 대표회장이 관리소장에게 "종놈이 감히!"라고 소리 지르기도 하는 곳이 바로 현대 한국이다. 이러한 배경이 있기에, 시인 서정주가〈자화상〉이라는 시에서 "애비는 종이었다. 밤이 깊어도 오지 않았다"고 노래했을 때 각별한 울림이 있게 된다. 그 시인 서정주도 나중에 그 시구는 사실이 아니라

문학적 장치에 불과하다고 술회했다고 전해진다.

역사학자 피터 버크는 향후 연구 주제를 제시하는 글에서 기억의 역사와 지식의 역사를 연구할 필요가 있듯이, 망각의 역사와 무지의 역사도 연구할 필요가 있음을 강조한 바 있다. 실로 각 시대는 의도적으로 망각하고자 하는 대상, 그리고 무지의 상태로 남아 있으려는 대상을 가지고 있다. 그 망각과 무지의 대상들은 의외로 그 시대와 장소에 대해 의미심장한 것을 우리에게 말해줄 것이다. 노비랜드는 노비라는 망각과 무시의 대상에 대해서 알려줄 뿐 아니라 애써 그 대상을 망각하고자 하는 이들에 대해서도 뭔가 알려줄 것이다. 어떤 의미에서, 현대 한국은 자기 조상이 노비였다는 사실을 애써 망각한 결과인지도 모른다.

안동에 있는 유교랜드에 가면, 저명한 양반 출신 유학자들이 마치 열전처럼 소개되어 있다. 퇴계 이황, 율곡 이이 등등. 마치 관람객들이 그 양반 출신 저명 유학자들과 자신을 동일시하거나 그들을 존경하기를 기대하는 듯이 말이다. 그러한 유교랜드와 짝을 이루어, 노비랜드에서는 노비를 열전처럼 소개해보면 어떨까. 그것은 유학자들의 열전만큼이나 흥미로운 역사적 배움을 제공해주지 않을까. 그 후보로는 누가 좋을까.

술을 많이 마시다 급사한 것으로 알려진 노비 출신 시인

이단전, 어머니가 노비였던 과학자 장영실, 노비 출신으로 학문적, 문학적 명성을 누린 박인수, 최립, 백대붕, 유희경, 정초부. 반란을 도모한 노비 박업귀, 무인으로 출세한 노비 정충신과 목인해, 큰 재산을 모은 부자 노비 불정과 임복, 신분 세탁을 시도했던 노비 반석평과 김의동, 주인에게 재산을 상속해준 노비 막정. 어디 그뿐이랴. 의병에 참여하여 충노(忠奴)의 칭호를 얻은 노비, 주인에게 맞아 죽은 노비, 주인을 구타한 노비, 노비를 소유한 노비, 노비에게 소유당한 노비, 관청마다 존재했던 관기들, 곡식을 바치고 면천된 노비, 도망간 노비, 도망가다 잡힌 노비, 도망간 노비를 잡으러 간 노비, 주인집 자식 젖먹이다가 정작 자기 자식은 굶겨 죽인 노비, 1894년 노비제도가 공식적으로 폐지되어서 기뻤던 노비, 실직을 우려해서 노비 해방이 달갑지 않았던 노비, 그리고 큰 바위가 아니라 별 특징 없는 자갈처럼 존재했던 그냥 노비들……

미시적
독립투쟁을
찾아서

동아일보

한준희

컴퓨터를 사용하는 사람이라면 다들 바이러스 때문에 고생한 경험이 있을 것이다. 어떤 바이러스가 가장 골치 아프던가? 일시에 컴퓨터를 정지시켜버리는 바이러스? 개인정보를 탈취해가는 바이러스? 재부팅이 되지 않게 만드는 바이러스? 물론 그런 바이러스도 골치 아프겠지만, 이런 바이러스는 어떤가? 특별한 증상 없이 컴퓨터의 성능을 그냥 20~30퍼센트 떨어뜨리는 바이러스. 20~30퍼센트 정도 성능이 떨어지면, 사용자는 뭔가 사정이 있겠거니 하고 짐작할 뿐 바이러스에 감염되었으리라고는 생각하지 못하기 쉽다. 따라서 적극적으로 바이러스를 퇴치하거나 컴퓨터를 수선할 결심을 하지 않게 된다. 그런데 이런 바이러스야말로 정말 골치 아픈 상대일 수 있다. 증상이 극적으로 드러나지 않기 때문에 존재 파악도 어렵고, 따라서 전면적인 개선에 나서게 되지도 않는다. 다만 투덜거리며 계속 그 컴퓨터를 사용하게 될 것이다. 그렇게 투덜거리며 그 컴퓨터를 장기간 사용했다고 상상해보자. 그 긴 기간 동안 사용자는 지속적으로 저성능에 시달린 셈이 된다. 차라리 컴퓨터가 일시에 정지되었더라면, 새 컴퓨터로 교체라도 했을 텐데. 그러면 좀 더 나은 성능으로 좋은 결과를 산출할 수 있었을 텐데.

선생의 입장에서 가르치기 까다로운 학생의 경우를 상상해보자. 어떤 학생이 가장 까다로운가? 가르치는 내용에 대해 전면적인 이의를 제기하는 학생? 대놓고 엎드려 자는 학생? 교육 자체에 대해 문제 제기를 하는 학생? 아예 수업 거부를 하는 학생? 물론 그런 학생도 나름 까다롭겠지만, 이런 학생은 어떤가? 분명하게 이견을 제기하지 않고 애매하게 투덜거리는 학생, 수업 시간에 대놓고 자는 대신 일부러 살짝 조는 학생, 큰소리로 욕하는 대신 욕 비슷한 낱말을 중얼거리는 학생. 십장생, 시조새, 개의 후손, 어쩌고저쩌고……. 이런 학생들의 경우는, 딱 집어서 무엇을 크게 잘못했다고 지적하기도 어렵다. 그러나 그런 행위는 수업 분위기를 저하시킬 것이다. 차라리 그 학생들이 선명한 이의를 제기했다면, 개선책을 도모해보기라도 했을 텐데. 그러면 좀 더 나은 수업을 했을지도 모르는데. 그 학생들 입장에서 보면, 꽤 효과적으로 수업을 방해한 셈이 되었다. 수업을 정지시키지는 못했어도 딱히 벌을 받지도 않으면서 수업이 삐걱거리게 하는 데 성공했으니까.

정치학자이자 인류학자인 제임스 스콧은 농민들의 정치적 저항의 사례에 대해 연구한 바 있다. 처음에 그는 화끈한 농민 봉기, 조직적 반란, 거대 규모의 항쟁과 시위, 거국적 혁명같이 스펙터클을 동반하는 현상에 주목했다. 농민 항쟁의 역사를 보면, 그러한 극적인 저항으로 인해 정권이 전복되는 경우도 간혹 있다. 그러나 제임스 스콧이 결국 발견한 것은, 일정 시간이 지나면 기득권 세력이 다시 원위치에 복귀하고 농민들은 여전히 수탈당하는 입장에 머물게 된다는 사실이었다. 아니, 이럴 수가. 그렇다면 농민은 결국 패배할 수밖에 없는 무력한 존재란 말인가. 그건 너무 우울한 결론이 아닌가.

고심하던 제임스 스콧은 새로운 관점을 떠올리게 된다. 어쩌면 그들의 주된 투쟁 방식은 대규모 봉기가 아니었는지도 모른다. 대규모 봉기보다는 고의적 지연, 명시적인 폭동보다는 은근한 의무 불이행, 일사불란한 습격보다는 좀도둑질, 조직적인 항의보다는 산발적인 사보타주, 대대적인 침략보다는 부지불식간에 이루어지는 공유지 무단 점유 같은 행위가 실은 농민 나름의 저항 방식이었을 수 있다. 거대한 스펙터클만 그들의 주된 투쟁 방식으로 간주하는 것은 오늘날 관찰자의 편견인지도 모른다. 이런 생각을 제임스 스콧은 하게 된 것이다.

독립운동의 경우에도 이와 비슷한 관점을 적용해보면 어떨까. 오늘날 우리는 청산리 대첩, 봉오동 전투, 혹은 여러 영웅적 개인의 의거처럼 상대적으로 스펙터클을 동반한 사건을 통해 독립운동사를 기억한다. 그런 사건들은 물론 중요한 의의가 있다. 그런 사건들은 식민지 시기에도 엄연히 존재하는 한국인들의 정치의식을 알리는 효과를 가져왔고, 해방 이후에 한국의 존재를 인정받는 데 기여했다. 대한민국 헌법에 "대한민국 임시정부의 법통"을 명시하고 있는 것은 현대한국의 정체성이 그러한 독립운동에 기원하고 있음을 명시적으로 인정하는 것이다.

그러한 무장 투쟁과 해방의 관계에 대해 여러 이견도 존재해왔다. 예컨대 유명한 청산리 전투나 봉오동 전투의 성과가 과장되어왔다는 근년의 연구들이 있다. 그밖에 해방을 맞이한 바로 그해 세상을 떠난 윤치호(1865~1945) 같은 인물은해방은 선물처럼 주어졌다고 대놓고 말한 바 있다. "우리는 해방이 선물로 주어진 것임을 솔직히 시인하고, 그 행운을 고맙게 여겨야 합니다." 한국인들이 대단한 군사력을 가지고서, 제국주의 열강과의 전쟁에서 장쾌하게 이겨서 계획대로 독립을 쟁취한 것은 아니라는 점을 지적한 것이다. 그러나 그런 군사력이 있었다면, 애초에 식민지가 되지도 않았을 것이다. 다들 알다시피, 일본의 패전은 한국보다 훨씬 강한 군사력을 가지고 있었던 나라들의 힘겨루기의 결과였다.

설령 그렇다고 한들, 우리가 식민지 시기 내내 '일방적인' 지배 상태에 있었다는 단순한 결론에 이르러야만 하는 것은 아니다. 해방에 이르는 복합적인 과정을 두고 전쟁이나 무장투쟁 같은 극적인 사태에만 주목하는 것은 전체 그림의 일부만 보는 것이 아닐까. 식민지 시기 한반도 내 한국인이 가

만히 앉아서 순응하기만 한 것은 아니다. 일본 제국주의 정부의 통치가 결코 수월하지 않은 일이었음을 보여주는 기록은 많다. 제임스 스콧이 언급한 종류의 불복종이 일본 제국주의자들을 피곤하고 힘들게 만들었을 가능성이 높다. 직접 지배에 나선 자가 겪어야 하는 번거로움과 고통을 제대로 맛보았을 수 있다. 이런 관점에서 보면, 합방 시도 자체가 패착인 것이다.

명시적인 투쟁을 강조하는 윤치호와 같은 사회진화론자에게 제임스 스콧 식의 미시적 투쟁은 시야에 잘 들어오지 않는다. 1919년 1월 29일자 일기에 윤치호는 이렇게 쓴다. "역사상 투쟁하지 않고서 정치적 독립을 해낸 민족이나 국가는 전혀 없다. 투쟁할 수 없다면, 독립을 외쳐봐야 소용없다. 우리가 강해지는 법을 모른다면, 약자로 사는 법을 배워야 한다." 그러나 약자로 사는 법에는 순종만 있는 것이 아니다. 약자가 종종 사용하는 미시적 차원의 무기가 있고, 그 약자의 무기는 의외로 지배 세력을 신음하게 한다.

저항도 에너지를 필요로 하지만, 지배하는 일에도 에너지가 소비된다. 만약 식민지 시기 일본이 질서 집착 성향을 크게 갖고 있었다면, 그런 집착이 상대적으로 작은 상대를 지배하는 일은 결코 만만하지 않았을 것이다. 오늘날에도 일본 문화에 접하는 이들은 일본이 다른 나라들보다 더 정교한 물

질문화를 유지하고 있다는 인상을 받는다. 지나칠 정도로 세밀하게 다듬어진 문양, 질서에 대한 집요한 강박, 겹겹으로 이어지는 형식의 준수 등에서 그런 인상을 받는다. 이러한 문화적 특징은 꽤 뿌리 깊은 것이어서 조선시대에 일본에 다녀온 역관들도 그와 같은 인상을 보고한 바 있다.

이렇게 볼 때 일본과 한국의 병합이란 질서 집착 성향이 상대적으로 큰 사람과 상대적으로 작은 사람의 동거를 뜻할 수 있다. 이런 상황에서 후자뿐 아니라 전자가 받는 스트레스 역시 상상 가능하다. 깔끔함의 정도가 다른 두 사람이 한집에 살 경우 대개 더 깔끔한 사람이 더 큰 스트레스를 받지 않던가. 바로 그 지점에서 덜 깔끔한 사람의 미시적 저항의 기회가 열린다. 일본 제국주의가 집요할 정도로 특정 질서를 한반도에 이식하려 하면 할수록 한반도 내에서 미시적 저항의 여지 역시 늘어났다고 할 수 있다. 해외의 독립투쟁에 더하여 국내의 미시적 저항에 접한 제국주의자들은 타국을 직접 지배하는 일이 생각보다 쉽지 않다는 것을 깨닫기 시작한다. 그 미시적 투쟁에 의해 제국주의자들의 기력은 소진되어가고, 합병할 당시 꿈꾸었던 속 편한 나날은 결코 오지 않는다. 이렇게 보면, 광의의 독립운동은 무장투쟁 이외의 영역에서도 일어났다고 할 수 있다.

글쓰기도 그렇지 않은가. 명백한 비문으로 가득 찬 글은 편집자가 아예 다시 써달라고 요구할 수 있다. 그러나 애매한 비문, 애매하게 몽롱한 문장으로 이루어진 글은 딱히 다시 써 달라고 하기도 어렵다. 그래서 그러한 글들이 오히려 편집자의 스트레스를 가중시킨다. 매 문장이 논리적이고 분명하기를 바라는 편집광적 편집자라면 고통이 더 심할 것이다. 완전한 비문이라면 다시 써달라고 할 수나 있으련만, 애매한 비문은 그저 편집자를 늙게 만든다.

침탈,
동화,
정체성

한국인의 식민 체험

식민지 체험은 집단 정체성에 대한 심각한 도전이다. 한국 역사에서도 마찬가지다. 교학사판 국사 교과서는 "일제 민족 말살 통치와 전시 수탈"이라는 제목 아래 "내선일체는 '일본과 조선은 하나'라는 뜻으로 한국인을 일본 천황에 충성하는 신하와 백성으로 만들려는 것이었다. 이를 위해 일제는 우리의 전통과 문화를 말살하고 한국인을 일본인으로 동화시키려는 민족 말살 정책을 실시하였다"라고 쓰고 있다.

일제강점기를 어떻게 해석해야 하는가? 국사 교과서에서 쓰이는 '동화'와 '수탈'(혹은 '침탈')이란 표현은 이 시기에 대한 서로 경쟁하는 해석을 상징한다. 동화해야 하는 이웃 나라를 착취하는 일과 동화하지 않아도 되는 먼 나라를 착취하는 일은 사뭇 다르다. 동화할 필요 없는 먼 나라야 물자를 강제로 수탈하고 떠나버리면 그만이다. 그러나 동화해야 하는 나라에는 '먹튀'를 할 수 없다. 그보다 지속적인 관계를 맺어야 한다. 늘 얼굴을 봐야 하는 상대와 언제 다시 볼지 모르는 뜨내기는 다르다.

한때 유라시아 대륙에 엄청난 제국을 건설한 몽골족을 생각해보자. 정주해서 상대를 동화할 생각이 없었을 때 몽골족은 상대를 잔인하게 정복하고 강제로 물자를 빼앗았다. 어찌 보면, 그럴 만도 하다. 전쟁에 승리할 경우 그 수익은 엄청나지만, 패배할 경우 죽음을 각오해야 한다. 이겨서 전리품을 끊임없이 나누어주지 않으면, 부하들은 이탈할 것이다. 패배해서 멸망하지 않으려면, 전리품을 확보하기 위해 끊임없이 다시 잔인한 침탈에 나설 수밖에 없다. 침략자가 잔인할수록 피침략자는 영웅적인 저항을 해야 한다. 독립투쟁사에서 청산리 대첩, 봉오동 전투 같은 영웅적인 무장투쟁을 부각시켜 온 것도 이러한 맥락에서다. 가혹한 일제 침탈과 영웅적인 무장투쟁은 동전의 양면과도 같다.

무장투쟁에 임하는 피식민자는 목숨을 걸어야만 하지만, 잔인한 침략자도 마냥 편한 것만은 아니다. 여진족 출신 야율초재(耶律楚材)가 몽골족을 설득했다. 뭐 하러 피곤하게 매번 사람 죽여가면서 물건을 빼앗나요? 세금을 걷으세요. 세금이야말로 안전하고 확실한 '착취' 방법이에요. 세금처럼 합법화된 '착취'는 대개 무장투쟁을 촉발하지 않는다. 과태료를 물지 않기 위해 사람들은 부지런히 세금을 내고 연말정산에 나선다. 귀가 솔깃해진 몽골족은 세금제도와 과거시험 제도를 받아들이고 피지배자인 한족과 불평등하나마 공존을 모색했다.

이것이 어디 몽골족만의 사정이랴. 강제 수탈을 지속하는 건 제국주의 일본으로서도 피곤한 일이다. 삼일운동 과정에서 잘 드러났듯이, 한국인은 억누른다고 얌전히 억눌려 있는 사람들이 아니다. 그렇다고 해서 한국인들이 영웅적인 무장투쟁을 통해 자력으로 독립을 쟁취했다는 말은 아니다. 제2차 세계대전이라는 국제적 상황과 아울러 한국인의 무장투쟁을 어떻게 이해할 것인가는 현재 진행형인 이슈다. 근년에 동북아역사재단 신효승 연구원은 청산리 대첩의 전과(戰果)의 근거에 대해 의문을 제기했다. 그에 따르면, "청산리 전역에 대한 정확한 전과의 전달보다 독립군의 건재와 독립 의지의 표명"을 위해 불분명한 근거를 바탕으로 청산리 대첩의 '신화'가 만들어진 것도 문제가 있고, 사사키 하루다카(佐佐木春隆)와 같은 일본 학자처럼 청산리 전투는 아예 존재하지 않았으며, 봉오동 전투에서는 일본군이 승리했다고 본 것도 문제다. 그가 기존 사료를 꼼꼼히 검토해본 결과, 청산리 전투의 전과를 정확히 알 수 있는 근거는 부족했다.

설령 주요 무장 독립투쟁의 성과가 세간에 알려진 것처럼 대단한 것이 아니라고 해도 당시 한국인들이 묵묵히 일제의 식민 지배를 받아들인 것은 아니다. 일제 식민지 시기가 잔인한 침략으로 점철되었다기보다는 상당 부분 연성 권력(soft power)을 통한 동화 과정이었다고 전제했을 때 비로소 시야에 들어오는 저항들이 있다. 식민지 정부는 근엄한 자세로 조선을 '근대화'하고 '일본화'하기 위해 신사(神社)를 만들고, 박람회를 개최하고, 도시계획을 수립했다. 그러나 그것은 식민주의자들의 희망 사항이었을 뿐. 천황을 숭배하는 조선신궁(朝鮮神宮) 앞에서 한국인들은 술판을 벌였고, 제국주의를 찬양하기 위한 박람회에서 한국인 여성 가이드는 한 번에 50전을 받고 볼 뽀뽀를 해주며 돈을 벌었다. 근대적 위생을 선전하기 위해 공중변소를 지어놓았더니 소변기에 올라가 대변을 본 한국인도 있었다. 환경 미화를 위해 가로수를 심어놓았더니 뽑아 집으로 가져가버린 한국인도 있었다. 쓰레기 좀 아무 데나 버리지 말라고 쓰레기통을 무상으로 나누어주었으나 끝내 쓰레기통을 쓰지 않은 한국인도 있었다. 최근에 한국어로 번역된 토드 A. 헨리의 《서울, 권력 도시》(원제는 "Assimilating Seoul", 즉 "서울 동화하기")는 일견 한심해 보이는 이러한 행동들을 꼼꼼히 복기한 뒤, 이런 행동들이야말로 한국인을 황국신민으로 동화하려는 시도에 대한 미시적 저항일 수 있다고 주장한다. 그렇다면 일본 제국주의와의 싸움은 찬바람 휘몰아치는 만주 벌판에서만 벌어졌던 것은 아닌 셈이다. 전혀 영웅적으로 보이지 않던 이런 '지질한'(?) 비행(非行)이야말로 청산리 대첩이나 봉오동 전투 못지않게 일본 제국주의를 괴롭힌 독립운동(?)이었는지도 모른다.

동화도 침략만큼이나 피곤한 일이다. 동화를 시도하면, 동화를 당하는 쪽뿐 아니라 동화를 하는 쪽의 정체성에도 변화가 생긴다. 청나라는 변경의 많은 민족을 병합하여 영토를

두 배로 불리는 데 성공했지만, 결과적으로 한층 더 복잡한 다민족 국가로 변모해야만 했다. 그로 인해 현대 중국 정부는 아직도 소수민족 문제로 골머리를 앓고 있다. 일본도 마찬가지다. 조선을 삼킨 일본이 조선을 삼키기 전의 일본과 같을 수는 없다. 조선인과 같아진 일본인이 그전의 일본인과 같을 수는 없다. 내선일체를 시도하면 조선(鮮)만 변하는 것이 아니라 일본(內)도 변하는 것이다. 식민지 정부는 조선을 야만으로 규정하고 선진적인 일본 문화에 동화되기를 촉구했지만, 모든 일본인이 이러한 동화 정책을 환영한 것도 아니다. 일본 정부야 내선일체를 통해 조선을 보다 효과적으로 지배하고 싶었겠지만, 조선 내 일본 거류민들의 상당수는 내선일체 정책을 달가워하지 않았다. 그들은 대개 조선인과 일본인의 차이를 강조해서 정치적 우위를 점하고 싶어 했다.

전 세계에서 1억 부 이상 팔렸다는 소설, 누구나 한 번쯤은 읽거나 들어보았을 것 같은 소설, 생텍쥐페리의 《어린 왕자》에도 동화(同化)와 관련된 부분이 나온다. 어린 왕자는 사막에 불시착한 비행사에게 틀에 박힌 어른들에 대한 불평을 토로한다. 자기가 보기에 이건 코끼리를 잡아먹은 보아뱀의 모습인데, 어른들은 자꾸 그걸 모자 그림이라고 우긴다고. 그런데 어른들이 이 코끼리를 잡아먹은 보아뱀을 힐끗 보고 모자라고 오해하는 것도 무리는 아니다. 상대를 동화시키려고 상대를 잡아먹으면, 일단 몸매가 망가진다. 코끼리를 잡아먹은 뱀이 어디 뱀의 꼬락서니인가. 지구상의 생물 중에서 가장 섹시한 몸매를 가졌다는 뱀조차 모자가 되어버리고 마는 것이다. 어린 왕자가 그 모습을 보고 코끼리를 잡아먹은 보아뱀이라고 이미 주장한 이상, 계속 보아뱀이라고 말하는 것도 틀에 박힌 사고다. 내가 보기에 그건 월요일에 출근하기 싫어서 이불을 뒤집어쓰고 "이불 밖은 위험하다!"라고 고함치는 직장인의 모습이다.

큰 먹이를 삼켰다가 에너지가 부족해서 오히려 죽는 뱀들도 있다. 코끼리를 삼켜버린 보아뱀은 이제 어찌 될 것인가. 상대를 오판한 뱀은 소화를 위해 엄청난 에너지를 써야 한다.《어린 왕자》에서 코끼리를 삼킨 뱀은 꼼짝달싹 못 하고 여섯 달 동안 소화시키며 잠을 잔다.《산해경(山海經)》에는 동정호(洞庭湖)에 사는 파사(巴蛇)라는 커다란 뱀이 코끼리를 삼키고 3년에 걸쳐 소화시키는 이야기가 나온다. 일본 제국주의는 조선을 삼킨 지 30년이 넘도록 동화를 시도했지만 실패하고 말았음을 이후 역사는 보여준다.

巴蛇圖

진홍퇴, 《고금도서집성》 중 《파사도》, 1728년

님의 침묵

한국의
정치신학

6월 29일은 독립운동가이자 불교 개혁가이자 시인인 만해 한용운이 이 세상을 떠난 날이다. 승려도 결혼할 수 있어야 한다고 주장했고, 그 자신이 약 19년 연하의 유숙원과 결혼한 사실은 세간에 그다지 널리 알려지지 않은 반면, 그의 시집 《님의 침묵》은 한국 문학사의 고전으로 폭넓게 알려져 있다.

고전의 반열에 오른 시 〈님의 침묵〉은 대부분의 고교 교과서와 참고서에 실려 있고, 입시 문제의 단골 소재다. "나의 님은 갔습니다"로 시작하지만, "나는 님을 보내지 아니하였습니다"로 버티고, "걷잡을 수 없는 슬픔의 힘을 옮겨서 새 희망의 정수박이에 들어"붓는 이 시를 어떻게 이해해야 할까? 문학작품의 해석에 정답이 있는 것은 아니겠지만, 시험에 나오는 이상 수험생들은 정답을 찾으려 들 것이다.

정답을 찾다 보면, "종교적 믿음을 광복의 의지와 연결하여 노래한 한용운의 시집 《님의 침묵》이 간행된 것은 이 시기의 중요한 문학적 성과"라는 교과서의 서술이나 "윤회 사상이라는 불교적 사유에 기초한 것으로 고통을 감내하고 극복할 수 있는 힘이 된다"와 같은 참고서의 내용을 외우게 된다. 이 모두 한용운이 승려였다는 사실과 독립운동가였다는 사실을 고려한 해설이다.

시 〈님의 침묵〉에서 뭐니 뭐니 해도 궁금한 것은 '님'의 실체다. 시 속의 님이 침묵할 뿐 아니라 시인도 님의 신원에 대해 침묵하므로, '님'이 누구인지 알기 어렵다. 문학작품의 해석은 열려 있는 것이기에, 한 참고서는 "임은 '조국', '부처', '진리', '사랑하는 사람' 등으로 다양한 해석이 가능한데, 총체적으로 볼 때 '임'은 '가치를 지닌 모든 존재'로 규정할 수 있다"라고 해설한다. 음, '가치를 지닌 모든 존재'라니 너무 포괄적인 해석이 아닐까. 디저트에서 가치를 발견하는 나는 이렇게 노래해도 되는 것일까. "나의 디저트는 갔습니다. (…) 나는 나의 디저트를 보내지 아니하였습니다. (…) 걷잡을 수 없는 포만감을 옮겨서 새 공복감의 정수박이에 들어부었습니다."

너무 열린 해석을 통제하려면, 아무래도 〈님의 침묵〉이 출간된 1920년대로 돌아갈 수밖에 없다. 마침 한 참고서는 "당시의 시대 상황과 관련지어 본다면, 이 시는 일제강점기의 암울한 현실을 임이 침묵하는 사태로 보고 조국 광복에 대한 강한 신념을 드러낸 것으로 해석할 수 있다"고 해설한다. 정부에서 관장하는 입시 답안답다. 그러나 의문은 남는다. 조국 광복의 신념을 말하는데 왜 하필 성애의 대상으로 보이는 '님'을 끌어들여야 했을까?

아마도 그런 궁금증 때문이 아니었을까. 2012년 2월에 〈한국일보〉의 서화숙 기자는 한용운의 딸 한영숙 씨를 인터뷰하면서 다음과 같이 물어본 적이 있다. "〈님의 침묵〉의 님이 조국이 아니라 실제 사귀었던 연인이다, 이런 설도 있는데요." 그러자 한영숙 씨는 "독립운동가도 남자고 사람인데 여자를 사귀지 말라는 법은 없지만 모든 대중이 보는 시집에 그렇게 쓸 분은 아니야"라고 대답했다.

실로 '님'이 한용운이 사귄 여자를 지칭한다면 문제다. 시의 정치적인 함의가 증발할 뿐 아니라 무슨 스토커의 고백처럼 들리게 되기 때문이다. 이미 헤어진 여자에게 "님은 갔지마는 나는 님을 보내지 아니하였습니다"라고 하면, 그 여자는 섬뜩하지 않을까. 막걸리를 정수리에 부으면서 "걷잡을 수 없는 슬픔의 힘을 옮겨서 새 희망의 정수박이에 들어부었습니다"라고 읊조린다면, 그만한 공포 영화가 없을 것이다.

나는 더 이상 수험생이 아니므로 기존 교과서나 참고서의 설명은 무시하고 〈님의 침묵〉에 대한 논술에 임해보겠다. 낙제를 하면 어떠랴. 독자 앞에 놓인 질문은 이것이다. 왜 하필 욕망을 암시하는 연시(戀詩)를 승려가, 그것도 하필 망국의 시대에 썼는가?

한용운은 승려답게 욕망의 동학에 관하여 전문가다. 불교는 인생이 고해인 이유는 바로 헛된 욕망에 근거한 집착에 있다고 본다. 그러한 통찰을 역이용하기 위해서 한용운은 일부러 성애의 대상일 수도 있는 '님'을 등장시킨다. 무릇 욕망은 충족되지 않을 때 가장 강하고, 충족하고 났을 때 가장 약하다. 〈님의 침묵〉에 대한 빛나는 평론을 쓴 김우창의 표현대로 하자면, "욕망은 현존하지 않는 것, 부재 내지 무(無)를 유(有)로 설정한다." 음, 어려운가? 예컨대 식색(食色)의 욕망을 약하게 하는 방법은 과하게 먹거나 과하게 성행위를 하는 것이다. 하고 나면 욕망은 사그라든다. 반면, 식색의 욕망을 강하게 하는 방법은 먹거나 성행위를 하지 않는 것이다. 충족되지 않은 욕망은 더 절실해진다. 이것이 욕망의 동학이다. 실로 한용운은 〈수(繡)의 비밀〉이란 시에서 일부러 바느질을 완성하지 않는 마음에 대해 노래한 적이 있다. "이 작은 주머니는 짓기 싫어서 짓지 못하는 것이 아니라, 짓고 싶어서 다 짓지 않은 것입니다." 주머니를 다 짓고 나면 욕망이 다 해소되어버리므로, 욕망을 유지하기 위해 일부러 주머니를 완성하지 않는 것이다.

소설가 김승옥의 1962년 〈한국일보〉 신춘문예 당선작 〈생명연습〉은 이 욕망의 동학을 이해하는 데 도움을 준다. 〈생명연습〉에는 한 교수라는 이가 젊은 시절을 회상하는 장면이 나온다. 당시 여자 친구 정순은 "배암과 같은 이기심을 발휘하여, 대학 졸업 후 런던 유학을 꾀하고 있는 한 교수에게 그 계획을 포기하라고 희생을 강력히 요구해오기도 하는 것이었다." 한 교수는 일기에 딜레마를 이렇게 적는다. "정순과의 결혼이냐 젊은 혼을 영국의 안개 낀 대학가에서 기를 것이냐." 그는 마침내 딜레마를 해결할 방법을 찾아낸다. "정순의 육체를 범해버리기로 한 것이었다. (…) 그러자 예상했던 대로 한 교수의 사랑은 식어질 수 있었다. 다음해 사쿠라가 질 무렵엔, 마카오 경유 배표를 쥐고도 손가락 하나 떨지 않고 서 있을 수 있었다."

오늘날 윤리의식에 비추어 볼 때 문제가 많은 이 서술에서 욕망의 동학을 발견할 수 있다. 욕망을 약하게 만들기 위해 한 교수는 당시의 성모럴에서는 권장되지 않았을 혼전 성행위를 거듭 행하고, 그 결과 정순에 대한 정념과 욕망을 떨쳐버릴 수 있었던 것이다. 손가락 하나 떨지 않고 배표를 쥐고 서 있는 한 교수는 욕망을 원 없이 해소한 수컷의 요상하게 초월적인(?) 자태다.

이 논리를 〈님의 침묵〉 해석에 적용해보자. 정순처럼 늘 조국이 자신의 곁에 함께했을 때는 애국심이라는 욕망이 약하기 마련이다. 늘 공무원이 어른거리고 세금까지 걷어간다면, 조국이 지겨워질 수도 있다. 즉 조국이 건재할 때 애국의 욕망은 약하다. 그렇다면 애국의 욕망은 언제 가장 강한가? 마찬가지 논리로, 조국이 멀쩡하지 않을 때, 혹은 갓 멸망했을 때 가장 강하다. 연정을 해소할 대상이 사라져버렸을 때 연정이 가장 강하듯, 애국의 욕망을 해소할 대상이 망해버렸을 때 애국의 욕망이 가장 강하다.

1920년대, 한국은 결국 일본의 식민지가 된 상태다. 그렇다고 그저 슬픔에 허우적거리고 있을 수만은 없다. 한용운은 〈님의 침묵〉을 통해 "걷잡을 수 없는 슬픔"을 "새 희망"으로 만들자고 제안한다. 욕망의 동학을 고려한다면, 님이 떠나버리고 침묵하는 이 망국의 상황이야말로 애국의 욕망을 불태울 수 있는 최적의 상황인 셈이다. 즉 〈님의 침묵〉의 메시지는 님이 부재(침묵)함에도 '불구하고' 사랑한다는 것이 아니라 님이 부재하기 '때문에' 사랑한다는, 사랑할 수 있다는 것이다. 망국은 애국의 최적 조건이니, 좌절하지 말고 애국의 욕망을 불태우라.

이리하여 독자는 왕조의 멸망에도 불구하고, 혹은 멸망으로 인해 불멸하는 형이상학적 조국을 상상하고 사랑할 수 있게 된다. 그리고 다들 알다시피 그 형이상학적 존재는 1945년에 현실의 몸을 얻게 된다.

2부

한국의

한자

〈서울의 봄〉과 쿠데타

한국의 군사정권

김성수 감독의 영화 〈서울의 봄〉은 1979
년 12월 12일에 일어난 군사 반란을 다룬다. 1979년 박정희
대통령의 죽음 이후 계엄 상황에서 전두환이 이끄는 세력이
계엄사령관을 연행하고, 마침내 대통령의 사후 재가를 얻어
냄으로써 실질적으로 대한민국의 정치권력을 장악하는 데
성공했다. 이 숨 막히는 과정을 그린 영화 〈서울의 봄〉은 실
화에 기반하긴 했어도 실제가 아니라 극적 재현(representation)
이다. 그래도, 혹은 그렇기 때문에 〈서울의 봄〉은 12.12를 생
각하는 데 도움이 된다.

12.12는 도대체 무엇이었을까? 영화의 힘을 빌려 이 질
문에 답해보자. 영화 속에서 전두광(실제에서 전두환)은 말한
다. "실패하면 반역, 성공하면 혁명 아닙니까!" 즉 거사가 실
패하면 12.12는 반역이 되고, 성공하면 혁명이 된다. 거사를
멋지게 성공시키고 싶은 전두광은 가능하면 혁명이란 말을
쓰고 싶어 한다. "이왕이면 혁명이란 멋진 단어를 쓰십시오."
그러나 적절한 용어는 쿠데타다. "그카면 쿠데타야." 성패와
관계없이 쿠데타는 쿠데타다.

전두환 세력은 왜 쿠데타를 일으켰나. 〈서울의 봄〉은 몇
가지 대답을 제시한다. 일단, 합수본부장으로 기세등등하던
전두광이 강원도 전방으로 좌천될 위기에 처한다. 그 위기를
타개하기 위해 선수 친 것이 12.12의 핵심이다. 〈서울의 봄〉

에 그려진 전두광은 분명히 그러한 조치에 자극받아 행동에 나선 것 같다. 그러나 전두환 본인의 입장은 다를 것이다. 사리사욕에 연연하여 그 큰일을 벌였다니 말도 안 돼 하며 펄펄 뛸 것이다.

그렇다면 전두환의 입장은 무엇일까? 지지자들에 따르면, 전두환은 "나라를 구하기 위해" 일을 벌였다. 그때 나라를 구할 필요가 있었다는 것은 곧 그 당시 나라를 망하게 할 위협이 존재했다는 말이다. 그 위협이란 곧 북한의 남침이었다. 남침 가능성은 반공 교육에서 시작해서 주한미군 주둔에 이르기까지 폭넓은 조치를 정당화하는 엄청난 명분이었다. 그러면 당시 전두환은 남침 가능성을 우려하여 12.12를 일으켰나? 〈서울의 봄〉은 그 가능성을 일축한다. "김일성이 때려죽여도 오늘 밤 안 내려옵니다. 오늘 밤은 여기가 최전방이야."

사리사욕을 위해서도 아니고 나라를 구하기 위해서도 아니라면, 도대체 전두광은 왜 거사를 한 것일까? 좌천 가능성은 행동의 계기를 설명할 수 있을지는 몰라도 행동의 근본 원인을 설명하지는 못한다. 국가와 민족을 위해서 그랬다는 말은 사후 정당화를 제공할지 몰라도 행동의 근본 동기를 설명하지는 못한다. 전두광은 추종자들에게 일갈한다. "떡고물을 먹기 위해 모여 있잖아!" 그렇다면 전두광을 움직인 떡고물 이상의 '생각'은 무엇이었을까?

"인간이란 동물은 안 있나, 강력한 누군가가 자기를 리드해주길 바란다니까." 전두광의 이 발언은 본편에서뿐 아니라 예고편에서도 강조된다. 박정희의 사망 이후 정국은 그 이전보다 한층 더 혼란스러워진 반면, 사람들을 리드할 강력한 존재는 아직 출현하지 않은 상황. 이 상황을 못 견디겠다고 자백한 셈이다. 단지 전두광 개인이 못 견디겠다는 것뿐 아니라 사람들 일반이 그런 상황을 못 견딘다고 본 것이다. 제발 강력한 누군가가 나타나서 우리를 좀 어떻게 해줘! 그와 같은 열망에 부응하기 위해 쿠데타를 일으켰고, 그 결과 강권의 통치자가 등장했다.

정말 그 당시에 사람들을 리드할 강력한 존재가 부재했을까? 〈서울의 봄〉에 따르면, 적어도 전두환은 그렇게 믿었던 것 같다. 당시 한국 사람들을 리드할 가장 강한 세속의 존재는 곧 국가다. 전두환의 관점에서는 강력하게 리드하지 못하는 국가는 제대로 된 국가가 아니다. 12.12 당시 국가수반이 부재했던 것은 물론 아니다. 최한규(실제에서 최규하)가 대통령으로서 엄연히 존재했기에, 전두광은 그로부터 계엄사령관의 체포 재가를 받기 위해 부심한다. 그런데 최한규는 그 어떤 의미로도 상황을 '리드'하지 않는다. 그가 요구한 것은 절차상의 완비였다. 즉 국방장관의 동의를 받아 오라는 것이 그가 전두광에게 한 주문의 전부였다. 즉 최한규는 자신의 권력을 사용해서 상황을 리드하기보다는 자신의 권력을 절차 준수에 한정했다. 강력한 국가를 당연시하는 전두광의 입장에서 그것은 제대로 된 국가가 아니었을 것이다. 최한규는 사태의 책임으로부터 결코 자유롭지 않다.

어쨌거나 전두환은 쿠데타를 일으켰다. 쿠데타란 무엇인가? 쿠데타는 단순히 법을 어기는 행위가 아니다. 누가 노상방뇨를 한다? 그것은 위법일 수는 있어도 쿠데타는 아니다. 누가 소매치기를 한다? 그는 잡범이지 쿠데타 수괴가 아니다. 미셸 푸코에 따르면, 법을 어기는 것이 쿠데타가 아니라 법을 초월하는 것이 쿠데타다. 그래서 미셸 푸코는 쿠데타 상황에서 국가이성은 "법 자체"에 명령한다고 말했다. 법을 어기고 지키고의 문제가 아니라 그 모든 것을 가능케 하는 권위 자체에 도전하는 것이 쿠데타의 본질이다.

법이란 사전 재가를 목표로 한다. 어떤 일이 준법이고 어떤 일이 위법인지 사전에 공포하고, 그것을 따진다. 반면, 쿠데타는 사후 재가의 성격을 띤다. 어떤 일이 준법이고 위법인지를 소급해서라도 결정해버릴 수 있는 힘이 쿠데타에 있다. 쿠데타가 목표로 하는 것은 법을 초월하고 법을 시녀로 부리겠다는 것이므로, 사후 재가조차 가능한 것이다. 그런 점에서 최규하가 계엄사령관의 체포를 재가하면서 그것이 사후 재가임을 분명히 하는 것은 의미심장하다.

사후 재가라는 점에서 12.12는 명백히 쿠데타였다. 그러나 그것은 못생긴 쿠데타였다. 쿠데타는 기존 법질서를 무시하기 때문에, 법에서 자기 정당성을 찾지 않는다. 실정법에서도, 자연법에서도 찾지 않는다. 고도로 발전한 쿠데타는 자신의 정당성을 하느님의 뜻에서도, 개인의 양심에서도 찾지 않는다. 국가이성에 기반한 쿠데타는 자기 스스로에게서 정당성을 찾는다. 나는 나니까, 내 말을 따라라! 이것이 쿠데타의 궁극적 논리다. 지금부터 나의 권위를 받아들여라! 이것이 합법이기에 받아들이라는 것도 아니고, 신의 뜻이기에 받아들이라는 것도 아니고, 양심을 따르는 길이기에 받아들이라는 것도 아니다. 나는 나이므로 너희들은 나를 받아들여라! 따지지 마라! 따지면, 그 어떤 것도 정당하지 않으므로.

군이 말하자면, 고도로 발전한 쿠데타는 자신이 아름답기에 자신을 무조건 받아들이라는 성질 사나운 미남미녀와도 같다. 정말 아름답다면 그것은 추종자를 만들 것이다. 마치 이 세상의 아름다운 것들이 추종자를 거느리듯이, 쿠데타도 충분히 아름답기만 하다면 나름의 추종자를 만들어낼 것이다. 그러나 12.12는 못생긴 쿠데타였다. 바로 이 지점에서 〈서울의 봄〉 캐스팅을 주목할 필요가 있다. 감독은 전두광 역에 배우 황정민을 캐스팅하고 추한 분장과 연기를 주문한다. 반면, 전두광에 대항하는 장태완(영화에서 이태신) 역에 한국의 대표 미남 배우 정우성을 캐스팅하고 누구나 탐낼 만한 연기를 주문한다. 즉 전두광에게서 심미적 권위를 박탈하고 이태신에게 심미적 권위를 부여한 것이다.

이렇게 볼 때 전두광의 화장실 장면이 반복적으로 등장하는 것은 우연이 아니다. 화장실에서 전두광은 추한 표정으로 소변을 본다. 그리고 흰 수건을 땅에 던지고 그 위에서 군화 바닥을 거칠게 닦는다. 이런 장면은 이태신이 결전을 앞두고 머플러를 섬세하고 위엄 있게 목에 감는 장면과 대조된다. 전두광의 용변 장면과 달리 이태신의 머플러 장면은 마치 비극적 영웅이 예식을 집전하는 것처럼 보인다. 이렇게 이태신은 무력 대결에서 패배하지만 심미적으로는 승리한다. 반면, 쿠데타 수괴는 무력 대결에서 승리하지만 심미적으로 패배한다.

심미적으로 열악한 쿠데타는 별수 없이 도덕적 서사에 의존하게 된다. 알다시피 전두환 정권의 국정 목표는 "정의사회 구현"이었다. 라 로슈푸코(La Rochefoucauld)는 위선이란 악이 미덕에게 바치는 경의라고 말한 적이 있다. 비슷한 맥락에서 쿠데타 세력이 자기 정당화를 위해 도덕을 차용하는 것은, 못생긴 쿠데타가 도덕에게 바치는 경의였다고 할 만하다. 그 시대 진정한 도덕이 어디에 있었는지는 약 반년 뒤의 광주 민주항쟁을 통해 분명해진다.

1980년대 한국의 문민화와 민주화는 광주 민주항쟁의
희생을 정치적 동력 삼아 전개되었다. 그 이후 약 반세기가
지난 오늘날 쿠데타 세력과 마찬가지로 민주화 세력마저도
심미적, 도덕적 시험대에 오르게 되었다. 그것이 바로 21세기
한국 정치가 멈추어선 자리다.

소년이
온다

한국의 민주주의
한국의 민주주의

한강의 소설 《소년이 온다》를 읽는 일은 피에 젖은 텍스트를 업고는 어둡고 긴 터널을 지나는 것과 같다. 《소년이 온다》를 한달음에 읽어낼 수 있는 사람이 있을까. 그다지 길지 않은 이 장편을 읽어내기 위해서는 종종 쉬고, 자주 한숨을 쉬어야 한다. 《소년이 온다》는 한국현대사가 낳은 구상도(九相圖)이기 때문이다. 구상도란 인간의 시체가 어떻게 부패해가는지를 두 눈 똑똑히 뜨고 보라고 권하는 그림 장르다. 시체가 즐비했던 1980년 5월 광주를 다루는 《소년이 온다》 역시 불가피하게 시체에 대한 묘사를 담는다. "그녀는 십대 후반이나 이십대 초반의 자그마한 여자였는데, 썩어가면서 이제는 성인 남자만큼 몸피가 커졌다. (…) 너는 부패의 속도에 놀란다."(11쪽)

전통적인 구상도가 인간은 결국 죽을 수밖에 없다는 보편적 사실을 전한다면, 《소년이 온다》는 죽지 않아도 되었을 인간이 죽었다는 역사적 사실을 전한다. "여자의 이마부터 왼쪽 눈과 광대뼈와 턱, 맨살이 드러난 왼쪽 가슴과 옆구리에는 수차례 대검으로 그은 자상이 있다. 곤봉으로 맞은 듯한 오른쪽 두개골은 움푹 함몰돼 뇌수가 보인다. 눈에 띄는 그 상처들이 가장 먼저 썩었다. 타박상을 입은 상처의 피멍들이 뒤따라 부패했다."(12쪽) 독자가 지켜봐야 하는 것은 죽지 말아야 했을 이들의 시체다. 그러니 힘겹지 않을 도리가 있는가.

이처럼 힘겨운 역사적 사실을 다루는 《소년이 온다》는 무엇을 말하고 있는 것일까. 독재자의 폭정을 비판하고 민주화 과정의 피해자들을 옹호하려는 것일까. 책을 끝까지 읽은 이라면 거의 누구나 당시 가해자들에 대한 분노와 희생자들에 대한 슬픔에 휩싸이게 되지만,《소년이 온다》는 단순히 피해자를 찬양하거나 위로하는 소설이 아니다. 찬양과 위로에 앞서 《소년이 온다》는 피해자의 목소리를 전하는 데 주력하고, 그렇게 전해진 목소리의 내용은 결코 단순하지 않다. 그것은 공감을 구하는 정서적 호소일 뿐 아니라 사유를 촉발하는 지적인 질문이다.

최근 인터뷰에서 한강은 말했다. "어느 시기에든 골몰하는 질문이 있고, 그 질문을 진척시켜보는 방식으로 소설을 쓰게 됩니다." 그렇다. 《소년이 온다》역시 골몰하는 질문들로 가득 차 있다. 1980년 광주에서 벌어진 그 불가해한 상황을 두고, 작가는 묻고, 묻고, 또 묻는다. 거듭거듭 묻는다. "왜 나를 죽였지. 어떻게 죽였지."(52쪽) 이 질문은 반복된다. "왜 나를 쐈지. 왜 나를 죽였지."(58쪽) 도대체 왜 그랬을까. 그들은 악마였나. 이 질문은 결국 인간에 대한 질문으로 귀결된다. "그러니까 인간은, 근본적으로 잔인한 존재인 것입니까? 우리들은 단지 보편적인 경험을 한 것뿐입니까?"(134쪽)

잔인한 가해자는 무력한 피해자를 "아무것도 아닌 것,

벌레, 짐승, 고름과 진물의 덩어리"(134쪽)로 만들어버리고 싶어 한다. 잘난 척하지 마라. 인권? 잘난 척하지 마라. 존엄? 잘난 척하지 마라. 너희는 결국 쓰레기다라고 말하고 싶어 한다. 상대가 자신처럼 비천해지기를 바라는 이들은 상대를 서슴없이 고문한다. 싹싹 빌 때까지 고문한다. "살려주시오. 헐떡이며 남자가 외쳤다. 경련하던 남자의 발이 잠잠해질 때까지 그들은 멈추지 않고 곤봉을 내리쳤다."(25쪽) 왜 이토록 잔인해지는가. 그들은 누군가 존엄을 지키는 모습을 참지 못한다. 그들의 존엄을 통해 자신의 비열함이 드러나게 되니까. "너희들이 태극기를 흔들고 애국가를 부른 게 얼마나 웃기는 일이었는지, 우리가 깨닫게 해주겠다. 냄새를 풍기는 더러운 몸, 상처가 문드러지는 몸, 굶주린 짐승 같은 몸뚱아리들이 너희들이라는 걸, 우리가 증명해주겠다."(119쪽)

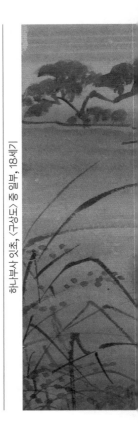

하나부사 잇초, 〈구상도〉 중 일부, 18세기

　이러니 5.18을 직간접적으로 경험한 사람들은 도리 없이 묻게 된다. "굴욕당하고 훼손되고 살해되는 것, 그것이 역사 속에서 증명된 인간의 본질입니까."(134쪽) 만약 여기서 멈추어 섰다면 《소년이 온다》는 인간의 어두운 면을 고발하는

작품이었을 것이다. 거기에 그쳤을 것이다. 인간의 잔악함을
고발하는 선언에 불과할 뿐, 인간의 심연을 탐구하는 질문이
되지는 못했을 것이다.

　잔인한 가해자들만큼이나 선한 피해자들이 있었기에 한
강은 멈추어 서지 않는다.

5.18의 시민들은 수동적인 피해자들이 아니었다. 그들은 자신도 몰랐던 자신을 발견하는 체험을 한다. "군인들이 쏘아 죽인 사람들의 시신을 리어카에 실어 앞세우고 수십만의 사람들과 함께 총구 앞에 섰던 날, 느닷없이 발견한 내 안의 깨끗한 무엇에 나는 놀랐습니다."(114쪽) "선생은 압니까, 자신이 완전하게 깨끗하고 선한 존재가 되었다는 느낌이 얼마나 강렬한 것인지. 양심이라는 눈부시게 깨끗한 보석이 내 이마에 들어와 박힌 것 같은 순간의 광휘를."(116쪽)

가해자와 피해자가 모두 같은 인간의 탈을 썼기에, 이제 인간은 단순한 선도 아니고 단순한 악도 아닌, 그야말로 모순을 품은 질문이 된다. 인간은 실로 양면적이며 모순적이다. "특별히 잔인한 군인들이 있었다. 처음 자료를 접하며 가장 이해할 수 없었던 것은, 연행할 목적도 아니면서 반복적으로 저질러진 살상들이었다. (…) 특별히 잔인한 군인들이 있었던 것처럼 특별히 소극적인 군인들이 있었다. 피 흘리는 사람을 업어다 병원 앞에 내려놓고 황급히 달아난 공수부대원이 있었다."(206, 212쪽) 어떤 특정한 경험이나 편견으로 인해 인간을 일방적으로 찬양하거나 증오하기는 쉽다. 그러나 모순으로 가득 찬 그 존재의 전모를 끌어안기는 쉽지 않다. 인간이란 저열하기도 하고 고귀하기도 한 존재, 아니 저열해질 수도 있고 고귀해질 수도 있는 존재. 그러니 물을 수밖에. 인간이란 도대체 무엇인가. 한강은 인터뷰에서 말했다. "저는 언제나 인간이 어떤 존재인지에 대해, 그리고 산다는 게 대체 무엇인지에 대해 자꾸 생각하는 사람이었던 것 같습니다."

인간의 저열함은 놀랍게도 생존의 욕망에서 온다. 살겠다는 의지에서 온다. 인간은 죽음이 두렵다. 그 바닥없고 어두컴컴한 구덩이가 두렵다. "입을 벌리고 몸에 구멍이 뚫린 채, 반투명한 창자를 쏟아내며 숨이 끊어지고 싶지 않았다."(89쪽) 그리하여 "쇠가 몸을 뚫으면 사람이 쓰러진다"(115쪽)는 사실에 집착한다. 그래서 총칼을 피하고, 먹을 것을 입에 쑤셔 넣고, 자기 것을 챙기고, 자기 새끼를 감싸고, 재산 증식에 골몰한다. 살아 있는 그 누구도 이 욕망으로부터 완전히 자유롭지 않다. 삶이란 실로 지긋지긋한 것이다. 그래서 말한다. "살아남았다는, 아직도 살아 있다는 치욕과 싸웁니다. 내가 인간이라는 사실과 싸웁니다."(135쪽)

그러나 인간은 그저 생존에 연연하기만 하는 존재는 아니다. 인간은 한갓 생존을 넘어서려는 존재이기도 하다. 그렇게 넘어서게 하는 고귀한 힘을 한강은 양심 혹은 영혼이라고 부른다. 영혼이 고개를 들 때 "결국 그 앳된 학생들의 스크럼 속으로 걸어들어갔을 것이다. 가능한 한 끝까지 그 속에서 버텼을 것이다. 혼자 살아남을 것을 가장 두려워했을 것이다."(87쪽) 그토록 생존에 연연하던 존재가 문득 혼자만 살아

남을 것을 거부하게 되는 것이다. "나 자신을 지키는 일로 남은 인생을 흘려보내지 않았을 거란 말이야."(162쪽) 이 견결한 영혼이란 것은 동시에 너무나도 가냘픈 존재. 그래서 묻는다, "그건 무슨 유리 같은 건가."(130쪽) 영혼은 유리 같은 것이기에 깨지기 쉽고, 깨지기 쉽기에 조심해서 다루어야 하는 것. 영혼이 깨지는 순간조차 그것은 영혼의 부재 증명이 아니라 존재 증명이다. 약하지만 투명한 무엇인가가 기어이 존재했다는 증거. 인간이 짐승에 불과하지 않았다는 증거.

인간이 이토록 모순적인 존재라면, 어떻게 살아야 하는가. 인간을 그저 악마로만 보거나 그저 천사로만 보지 말아야 하지 않을까. "군중을 이루는 개개인의 도덕적 수준과 별개로 특정한 윤리적 파동이 현장에서 발생"(96쪽)되는 법이기에, 인간의 집단적 삶의 형식과 배치에 대한 사회과학적 고민이 필요하다. 똑같은 사람도 그 형식과 배치에 따라 악마가 될 수도 천사가 될 수도 있기에. 그리고 그 어떤 사회적 배치 속에서도 "끈질긴 의심과 차가운 질문들 속에서 살아나가야 한다."(96쪽) 《소년이 온다》가 바로 그러한 인문학적 질문을 던진다. 인간이란 무엇인가?

인간이 무엇인지 끝내 확실히 알 수는 없겠지만, 한강은 인간에게 영혼이 깃들어 있다는 믿음만큼은 포기하지 않는다. 양심이라는 눈부시게 깨끗한 보석이 이마에 들어와 박힐 가능성을 포기하지 않는다. 《소년이 온다》의 마지막 부분, 죽은 동호의 어린 시절을 엄마는 이렇게 회상한다. "여덟살 묵었을 때 네가 그랬는디. 난 여름은 싫지만 여름밤이 좋아."(191쪽) 그렇게 말한 동호에게 나는 이렇게 화답해본다. "난 인간은 싫지만 인간의 영혼이 좋아." 영혼은 밤처럼 서늘한 것이니까. 여름밤이 없으면 여름을 견딜 수 없고, 영혼이 없으면 인간을 견딜 수 없으니까.

혁명을
끝내는
법

한줌의 평

* 20대 대선 전인 2022년 2월에 쓴 글입니다.

정치혁명, 사회혁명, 산업혁명 등 인류 역사에는 혁명의 시절이 있다. 개인의 삶에도 혁명 같은 순간이 있다. 예컨대, 지금 초로의 나이에 접어든 선배 한 분에게도 수십 년 전 20대 전반의 혈기로 연상의 여인과 결혼하기 위해 질주하던 시절이 있었다. 결혼을 허락해달라고 맨주먹으로 미래의 장인 장모에게 시위하던 시절이 있었던 것이다. "결혼을 허락하고 축복해주십시오!" "직업도 없으면서 대체 어떻게 먹고살려고 하나!" "어떻게든 자신 있습니다!" 그 시위 덕분이었을까, 그의 혁명은 성공했다. 결혼에 이르렀고, 아이를 낳았으며, 이 사회의 성실한 시민이 되었다.

세월이 흘러 그 부부 사이에서 태어난 자녀마저 결혼해서 출가하자 그 선배는 신혼 때처럼 부인과 단둘이서 생활하게 되었다. "다시 두 분만 사니까, 좋지 않으세요? 맨주먹으로 신혼 생활하던 옛 시절을 함께 다정하게 회고하고 그러세요?" 선배는 허탈한 웃음을 흩뿌리며 대답한다. "그런 옛날이야기 꺼내면, 나 집에서 쫓겨나." 더 이상 묻지 않았다. 물어보아야 시시콜콜한 삶의 애환만 듣게 될 것이 뻔했다.

허구의 세계 속에서나마 멋진 체험을 하고 싶은 것이 인지상정인지, 혁명적이거나 낭만적인 사태를 다루는 작품들은 대개 극적인 순간을 클라이맥스로 삼아 이야기를 마무리한다. 고(故) 박종철 고문 치사 사건부터 6월 항쟁까지 격변의 시절을 다룬 영화 〈1987〉을 보라. 고문과 억압과 위협에도 불구하고 청년들과 운동가들과 시민들은 군부독재를 몰아내기 위해 질주한다. 안타까운 죽음을 넘어, 100만 명의 사람들이 운집해서 이른바 6월 민주 항쟁을 일으키는 것으로 영화는 끝난다. 그리고 그다음은 보여주지 않는다.

《춘향전》은 어떤가. 신분 질서가 엄연하던 조선시대. 야심적인 처녀 춘향과 미인이라면 사족을 못 쓰는 도련님 몽룡이 질주한다. 신분 상승욕, 욕정 혹은 사랑에 불타서 질주한다. 남원에 새로 부임한 수령 변학도가 가혹한 고문을 가해도 변절하지 않는다. 암행어사 출두요! 끝내 그 고문을 이겨내고 보란 듯이 한 쌍의 부부가 되는 '혁명'이 일어난다. 그 사회혁명을 클라이맥스로 삼아《춘향전》은 마무리된다. 춘향과 몽룡은 그 이후 자식 낳고 잘 살았다고 할 뿐, 그다음은 보여주지 않는다.

사이먼 앤 가펑클의 주제곡으로 유명한 마이크 니콜스 감독의 영화 〈졸업〉은 어떤가. 미국 캘리포니아 중산층 출신 모범생 벤자민은 이웃의 중년 여인인 로빈슨 부인의 유혹에 넘어가 일탈한다. 그러나 공교롭게도 뒤이어 바로 그 로빈슨 부인의 딸 엘레인과 사랑에 빠지게 된다. 질투에 눈먼 로빈슨 부인은 자기 딸에게 자신과 벤자민의 불륜을 폭로해버린다. 충격을 받은 엘레인은 벤자민을 떠나 사랑하지도 않는 다른 남자와 결혼하고자 결혼식장에 들어간다. 이에 벤자민은 식장에 난입하여 엘레인의 손을 잡고 도망쳐 나와 버스에 오른다. 영화는 끝난다.

그 이후 벤자민과 엘레인은 과연 잘 살았을까. 버스 뒷좌석에 피곤한 표정으로 앉아 있는 벤자민과 엘레인의 마지막 모습을 잊을 수 없다. 해피엔딩이라고 하기에는 너무 고단한 모습이었다. 몽룡과 결혼한 춘향이는 어떻게 되었을까. 양반가 정실부인이 되어봤자 별거 없다는 걸 깨닫지 않았을까. 주변 양반 부인들이 왕따를 시키지 않았을까. 변학도에게 당한 고문 후유증으로 평생 신경통에 시달리지 않았을까. 6월 항쟁을 주도했던 이들은 어떻게 되었나. 이른바 명망가들 상당수는 항쟁을 경력 삼아 정계에 입문한 끝에 결국 변절하지 않았나. 적지 않은 시민들도 일상 속에서 보수적인 기득권 세력으로 변해가지 않았나. 이들의 뒷이야기가 궁금하다. 아니, 궁금하지 않다. 혁명 이후의 구질구질한 다음 이야기를 하기 싫어서 셰익스피어는 로미오와 줄리엣이 죽는 것으로 마무리했는지도 모른다.

개인의 사랑이든 정치적 사랑이든, 낭만적 순간들은 전체의 극히 일부다. 인생과 역사의 대부분은 그렇고 그런 일상이 채운다. 재미없는 비(非)혁명적 시간과 마주해야 한다. 그 일상의 나날에는 가슴을 뛰게 하는 드라마가 없으므로, 그 체

험은 멋지게 작품화
하기 어렵다. 대만
의 전설적인 명감독
에드워드 양의 영화
〈해탄적일천(海灘的一
天)〉은 바로 이 어려
운 과제에 도전한다.
　〈해탄적일천〉에
는 열렬한 연애를 하
는 두 여자가 등장한
다. 탄웨이칭과 자리.

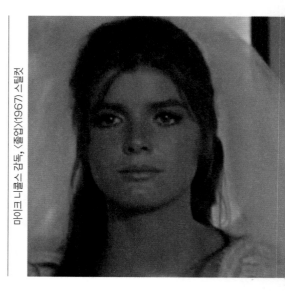

마이크 니콜스 감독, 〈졸업〉(1967) 스틸컷

탄웨이칭은 전도유망한 의대생과 열애에 빠지지만, 그 의대
생은 완고한 의사 아버지의 바람대로 탄웨이칭을 버리고 다
른 의사 집안의 사위가 된다. 그 의대생의 여동생 자리는 정
반대의 선택을 한다. 집에서 정해주는 배필을 마다하고, 사랑
하는 남자 더웨이와 살기 위해 야반도주를 감행한다. 자리와
더웨이는 〈졸업〉의 엘레인과 벤자민처럼 현실에 맞서 혁명과
도 같은 사랑을 선택한 것이다.

　〈해탄적일천〉의 놀라운 점은 이 선택이 영화의 결말이
아니라 시작이라는 것이다. 〈해탄적일천〉은 〈로미오와 줄리
엣〉이나 〈춘향전〉이나 〈졸업〉이나 〈1987〉이 모두 피해갔던

그 이야기, 어쩌면 인생의 대부분을 차지하는 이야기, 사랑 이후의 삶에 대하여, 혁명 이후의 삶에 대하여 이야기한다. 그리하여 익숙하기 짝이 없는 일상의 이야기들이 펼쳐진다. 경쟁 사회에서 살아남기 위해 일에 몰입하는 남편이 된 더웨이, 그 같은 남편의 관심을 갈구하는 전업주부가 된 자리. 채워줄 수 없고 채워지지 않는 사랑 때문에 두 사람의 결혼 생활은 점점 위기로 치닫는다. 그래도 남편을 계속 의지하고 살아보고자 마음먹은 어느 날, 남편 더웨이의 실종 신고가 접수된다. 이제 자리는 실종된 사람이 과연 남편이 맞는지 확인하러 해변으로 간다. 〈해탄적일천〉이란 낭만적인 영화 제목은 바로 그 해변에서의 하루라는 뜻이다.

　집안의 반대를 무릅쓰고 야반도주하여 결혼할 정도의 사람이라면 주체적 개인이 아닐까. 그렇지 않다. 완고한 집안의 반대를 이겨내고 결혼했다고 해서 자리가 꼭 주체적 개인이었던 것은 아니다. 야반도주라는 혁명적 사태를 치러냈지만, 알고 보면 의탁 대상을 아버지에서 남편으로 바꾼 것에 불과하다. 사랑이란 말로 치장했을 뿐, 결혼은 결국 또 다른 타자에의 의존이었던 것으로 판명된다. 바로 그 의존성 때문에 결혼 생활도 위기에 처한다. 야반도주라는 큰 희생을 치르고 결혼했다고 생각하기에, 남편에게 그만큼 큰 보상과 관심을 요구하고, 그것이 여의치 않자 가정은 무너지기 시작한다.

완고한 군부독재를 이겨내고 거리에서 민주화를 달성했다고 해서 자동적으로 주체적 시민이 되는 것은 아니다. 유혈 사태를 겪었지만, 알고 보면 의탁 대상이 군부 정권에서 민간인 교주로 바뀐 것인지도 모른다. 만일 그렇다면 그것은 결국 또 다른 타자에의 의존에 불과하다. 그 의존성 때문에 정치도 위기에 처할 수 있다. 가두시위라는 큰 희생을 치르고 혁명을 이루었다고 생각하기에, 정부에게 그만큼 큰 보상과 관심을 요구하고, 그것이 여의치 않으면 정치는 무너지기 시작한다.

혁명 이후의 일상을 살아보면 선과 악은 그다지 명확하게 구분되지 않는다. 완고한 도덕주의자인 줄 알았던 아버지는 성추행범으로 판명된다. 아버지 편인 줄 알았던 어머니는 사실 딸의 야반도주를 알고도 묵인한 것이었다. 믿었던 남편은 술집 여자와 놀아나는 중이다. "당신은 팔자 좋은 환경에서 자랐나 보군요, 사랑을 믿다니." 남편의 애인은 자리를 비웃는다. "사랑이라뇨. 이 세상엔 사랑은 없고 충동만 있어요."
이 지점에 이르자 억압에 저항하여 주체적인 참사랑을 성취
했다는 자리의 낭만적 서사는 무너지기 시작한다. 그 서사가
무너지자 해변에서 실종된 사람이 실제 남편인지 아닌지는
더 이상 중요하지 않다. 비로소 자기 인생을 자기가 살아야겠
다는 결심과 함께 자리는 남편의 생사를 확인하지도 않고 해
변을 떠난다. 야반도주할 때도 되지 못했던 주체적 개인이 이
제야 되어 떠난다. 그다지 낭만적이지도 않은 데다 매사가 복
잡하고 흐릿하기만 한 현실을, 완전한 동지도 없고 완전한 적
도 없는 뒤죽박죽인 세상을, 이제 주체적 개인이 되어 꾸역꾸
역 살아갈 것이다. 사랑과 혁명의 의미마저 오롯이 재정의해
가면서.

2016년 촛불 시위는 정말 '혁명'이었을까? 그것이 정말
혁명이었다면, 촛불혁명이 약속한 세상은 정녕 도래했을까?
혁명은 일어났으나 혁명이 약속한 세상이 오지 않았을 때 사
람들은 "혁명은 아직 끝나지 않았다!"고 외친다. 혁명이 아직
끝나지 않은 것이 아니라 혁명을 어떻게 끝내야 하는지를 모
르기에, 사람들은 그렇게 외칠 뿐이라고 인류학자 클리포드
기어츠는 말한 적이 있다. 이제 선거일이 되면, 해변에서 실
종된 사람이 혁명가였는지를 확인하기 위해 투표장으로 가
야 한다. 그리고 주체적 개인이 되어 투표장을 떠나야 한다.

시민사회의
자율성을
찾아서

한국의
시민사회

독일의 문예비평가 발터 벤야민(1892~ 1940)은 20세기 전반 파리의 쇼핑 아케이드를 거닐면서 유럽의 현대에 대해 생각했다. 소비자의 욕망을 한껏 자극하는 물건들로 가득한 아케이드에서 벤야민은 현대인이 갖는 집착적인 물욕과 그것이 갖는 몰정치성에 대해 생각했다. 21세기 전반 반바지를 입고 서울의 변두리를 거닐면서 한국의 현대에 대해 생각한다. 동네마다 하나둘씩 꼭 있는 건강원과 개소주집을 보며, 한국인이 갖는 강박적인 건강욕과 그것이 갖는 정치성에 대해 생각한다.

　　한국은 과로에 젖은 사회다. 지친 사람들은 휴양지 빌라 발코니에서 해안선을 바라보며 천천히 맥주를 마시고 튀김을 폭식하면서 아무것도 추구하지 않고 그저 조물주를 원망하다가 저절로 잠드는 생활을 동경한다. 그러나 현실의 해가 뜨면 너도나도 앞 다투어 출근해야 한다. 정도 이상으로 과로하다 보니, 심신 양면으로 보양식을 찾게 된다. 마음의 보양식을 찾아, 어려운 인생에 쉬운 답을 주는 소위 사회적 멘토의 강연장에 간다. 육체의 보양식을 찾아, 고성능 영양제를 찾고 동네 건강원을 방문한다. 절제되고 균형 잡힌 섭생과 규칙적인 운동이 장기간 축적된 끝에 마침내 찾아오는 은은한 활력을 기다릴 여유는 대개의 한국 사람들에게 없다. 꾸준한 마음의 잔근육 단련을 통해 정교한 생각의 힘을 얻을 여유는 상당수의 한국 사람들에게 없다. 바쁘고 지친 사람들은 몇 번의 인문학 강연과 몇 번의 보약으로 심신의 건강을 쟁취해야만 한다. 스트레스로 정신의 방광이 터져나가는 상황에서 한 입 베어 물면, 좁아터진 방광을 떠나는 오줌처럼 스트레스가 배출되고, 또 한 주를 살아갈 정력이 샘솟게 되는 보양식을 먹어야만 한다. 한국에 깔려 있는 수많은 자칭 멘토의 강연과 건강원과 개소주집은 후다닥 진행된 한국의 '근대화' 과정을 닮았다.

한국은 정치에 젖은 사회다. 대부분의 한국인은 거대 담론을 멀리하고 소소한 삶의 디테일에 집중하는 일본 드라마의 주인공들과는 거리가 멀다. 사람들은 편의점 앞 파라솔 아래서 양념치킨을 뜯으면서 최근에 자살한 정치인들과 헌법재판소의 정치적 판결과 차기 대선 후보에 대해서 거품을 물고 의견을 교환한다. 다들 정치에 지극한 관심이 있지만, 밑바닥부터 차곡차곡 경험을 쌓아 정치권에 입성하는 경우는 드물다. 그러다 선거철이 오면 갑작스레 새로운 피 수혈이 시작된다. 장기간에 걸쳐 양성되어온 정치인 후보군이 없다 보니, 선거에 급성 효력을 발휘할 정치적 보양식을 찾게 된다. 가물치, 흑염소, 개소주를 파는 건강원을 찾아가는 것처럼 시민단체, 대학, 법조계의 유명 인사를 찾아가 손을 내민다. 정치적 보약 하나 주세요. 절제되고 균형 잡힌 섭생과 규칙적인 운동이 장기간 쌓여 마침내 찾아오는 정치적 건강을 기다릴 여유는 한국 정치에 없다. 체계적인 의제의 발굴과 담론의 성숙을 통해 정치적 근력과 지구력을 얻고자 할 여유는 한국 정치에 없다. 이제 이슈 몰이와 대상의 악마화를 통해 정치의 모멘텀을 얻어야 한다. 악마가 없으면 악마를 만들어야 한다. 상대를 악마화한 뒤 악플과도 같은 비난을 퍼붓고 나면, 마치 정치적 위기가 극복되고 새로운 정치적 동력이 샘솟기나 할 것처럼. 한국의 정치 동학은 국가 주도로 후다닥 진행된 한국의 '근대화' 과정을 닮았다.

오랜 기간 잘 다져진 정치 인력의 토대가 없는 한국 정치의 가건물 속으로 많은 시민단체와 비정치권 인사들이 꾸준히 이동해갔다. 이러한 패턴이 지속되고 강화되면서 정부와 시민단체의 성격 구분이 모호해지고, 그에 따라 시민단체의 존재 의의에 대해 새삼 질문이 제기되고 있다.

한때 시민사회는 인간이 자연 상태(state of nature)를 떠나 건설해낸 사회 질서 그 자체를 의미하던 시절이 있었다. 그러다 강력한 권력을 가진 정부가 등장하자 그 정부와 일정한 긴장을 이루며, 견제와 감시의 역할을 할 수 있는 비정부 시민단체의 역할에 점차 주목하게 되었다. 시민단체가 그러한 공적 역할을 제대로 해내려면, 세속의 정치 질서에 첨예한 관심을 기울이되, 정부의 권력과 영향에 포섭되지 않는 자율성이 중요하다. 정부의 재원에 의존하지 않아도 될 경제적 자원과 시민들의 에너지를 끌어낼 수 있는 조직적 역량과 자신의 정체성을 뒷받침할 공적 가치의 수호가 필수적이다.

　그런 점에서 볼 때, 과거 한국의 군사정권은 비판적 시민사회를 억압하기는 했지만, 역설적으로 현대 한국 시민사회의 산파에 가깝다. 군사정권 하에서 이루어진 경제성장은 정부의 통제 밖에서 유통될 수 있는 경제적 재원을 만들어냈다. 그 재원을 토대로 형성되고 성장한 한국의 부르주아와 농민들이 자식들을 학교에 보낼 수 있었고, 학교에서 교육받은 새로운 세대 안에서 국가 폭력을 자행하는 군사정권에 대한 비판 의식이 자라났다. 도저히 저 부도덕한 군사정권의 일부는 될 수 없다! 군사정권이라는 정치적 '절대악'이 존재했기에, 시민사회는 그처럼 분명하게 비판적 대오를 정비할 수 있었다.

4·19혁명 당시 경찰의 진압에 항의하며 거리로 나선 시위 군중들

　군사정권이 종식되고 이른바 민주화의 시대가 왔다는 것은 과연 한국 시민사회에 축복이었을까. 그것은 축복보다는 저주, 아니 새로운 도전이 아니었을까. 지금까지 자신의

정체성을 규정해주던 '절대악'으로서의 타자가 사라지자 시
민사회는 군사정권이 사라진 텅 빈 벌판에서 자신의 정체성
을 숙고해야만 했다. 그 숙고가 무르익기도 전에, 그 텅 빈 벌
판 속으로 시민단체의 활동가들이 정치권으로 진입했다. 민
주화 이후 정치 세력의 이러한 수혈 과정을 통해 시민단체는
역설적으로 비판과 견제의 기존 목표를 잃어버리고 새삼 스

스로에게 질문을 던져야 하는 상황에 처하게 되었다. 군사정권이 사라진 지금 우리는 무엇을 비판하고 견제해야 하는가.

비판의 목표가 희미해진 한편, 시민단체의 일원이었던 이들이 정부로 유입되면서 시민단체는 보다 쉽게 정부의 재정 보조를 향유할 수 있게 되었다. 꼭 공무원 수가 증대해야 정부의 힘이 증가하는 것은 아니다. 비정부 단체에 대한 정부의 보조금이 늘어날수록 그에 대한 정부의 영향력은 강화된다. 예컨대, 정부 보조금이라는 지렛대가 있기에 한국의 교육부 장관은 대학 총장들을 일제히 모아놓고 새로운 대학 정책과 교육의 '뉴노멀'에 대해 일장 연설을 할 수 있다. 재정을 충분히 확보한 미국의 사립대학들이 트럼프 정부의 명령에 집단 저항을 감행하여 정부 명령을 철회시킨 것과 같은 모습은 한국 사회에서 상상하기 어렵다.

마음의 습관 또한 쉽게 바뀌지 않는 법. 정부의 일원이 됨에 따라 그 자신이 시민사회의 견제와 감시의 대상이 되었음에도 구 시민단체 활동가들은 여전히 자신들이 도덕적 지렛대를 쥐고 있다고 생각하기 쉽다. 그러나 외부에 존재하는 명징한 '절대악'을 과거에 타도했다는 자신감만으로는 도덕의 지렛대가 유지되지 않는다. 이제 정부 권력의 일부가 되어버린 자신의 비판과 성찰을 위해서는 정부의 의지와 독립해서 존재하는 보편 가치에 호소해야만 한다. 역사적으로 권력자에게 보편 가치에 근거한 자기 성찰의 덕목이 요구되었던 것은 결코 우연이 아니다. 그러나 완벽한 자기 성찰은 성인(聖人)의 일이다. 정치가가 성인이 아니라면, 견제와 균형의 제도적 틀 속에 자신을 위치시켜야 한다. 국가가 표방하는 정상성(正常性)의 외부에 존재하는 이들과의 긴장 속에서 자신의 도덕성을 실험해야 한다. 그러기 위해서는 시민사회의 변경은 정부를 향해 확장되기보다는 정치적 소수자에게로 확장되어야 한다.

반바지를 입고 서울의 변두리 건강원을 어슬렁거리던 중년은 건강원 광고판을 소리 내어 읽어본다. 흑염소, 가물치, 장어, 붕어, 잉어, 미꾸라지, 달팽이, 닭발…… 아니, 언제부터 닭발이 가물치와 흑염소의 반열에 든 것인가. 배즙, 양파즙, 호박즙, 포도즙, 양배추즙, 사과즙, 야채즙, 선인장즙. 아니, 언제부터 선인장이 야채의 반열에 든 것인가. 이제 곧 무말랭이, 만두피, 빛이 좋지 않은 개살구, 탄 고기, 형장의 이슬, 용두사미도 보약의 반열에 들겠지. 21세기 초 한국, 사회단체 활동가들이 정치가가 되기를 꿈꾸듯이, 모든 식재료는 보약이 되기를 꿈꾸는가. 모든 것이 보약이 된 나머지, 마침내 보약이 사라지는 때가 올지도 모른다.

요제프 단하우저, 〈신문 읽는 사람들〉, 1840년

이것이 한국의 근대화다

호머 헐버트
한국이

마음의 평화를 만끽하려던 어느 날 저녁이었다. 그 저녁 한가운데로 영어로 된 이메일이 한 통 난입해왔다. "당신은 2025년 ×월 ×일 ×번째 세계 ×× 학술대회의 ×× 패널 토론자로 정해졌습니다. 패널명은 ××입니다. 학술대회에서 사용할 언어는 영어입니다." 이 난데없는 이메일은 다음과 같은 문장으로 끝났다. "이 토론자 역할을 맡고 싶지 않고 이 패널에 참여하고 싶지 않으면, 이 메시지를 받는 즉시 우리에게 연락하세요."

이 패널의 토론자 역할을 맡고 싶지 않냐고? 당연하지! 맡고 싶지 않다. 패널의 내용이 무엇인지, 패널에서 발표될 논문이 무엇인지 제대로 모르는데 맡고 싶겠는가. 누군가 갑자기 내미는 정체불명의 음료를 마시고 싶겠는가. 지옥의 문은 그런 음료를 마시는 순간 열리지 않던가. 저 이메일은 필수적인 정보를 주지 않으면서 확실한 선택을 강요하고 있다. 누가 조직하고 누가 발표하는 패널인지 전혀 알리지 않은 채 누구 맘대로 토론자로 지정했단 말인가. 게다가 불참 연락의 의무는 왜 내게 있는가.

저 몰상식한 이메일로 인해 내 저녁은 망쳐지기 시작했다. 대응해야 할 숙제가 생긴 것이다. 세 선택지가 있다. 첫째, 시키는 대로 하는 거다. 까다롭게 굴면 찍히니까. 네넹, 초대해주셔서 감사합니다. 아무것도 모르는 패널에 저도 모르게 토론자가 되었으니 감사해야겠죠. 시키는 대로 합죠, 굽신굽신. 이렇게 하면, 사회생활을 잘 해내는 무난한 사람처럼 보일 것이다. 그러나 부당한 상황에서 무난한 사람을 연기하다 보면, 속이 썩기 시작하고 우울감이 차오르다가 결국 심신 어딘가가 무너질 것이다. 따라서 이 첫 번째 선택지는 기각되었다. 이 옵션을 기각할 수 있었던 데에는 내가 정규직 교원이라는 사실이 작용했을 것이다. 미취업 박사였다면 쉽지 않았을 수 있다. 까다롭게 굴면 찍힐 것이고, 찍히면 나쁜 평판이 돌 것이고, 나쁜 평판이 돌면 취직이 어려워질 수도 있으니까.

두 번째 선택지는 항의하는 거다. 왜 필수적인 정보를 제공하지 않는지, 왜 아무런 상의도 없이 토론자로 정해버리는지, 거절의 고지 의무를 왜 내게 부과하는지 등등. 항의하면 까다로운 인간으로 찍힐 가능성이 높다. 나쁜 평판을 만드는 지름길이요, 적을 만들기 위한 신칸센이요, 고립으로 가는 초음속 비행기다. 항의를 받은 사람이 잘못을 시인하는 경우는 흔치 않다. 자기 잘못을 금방 알아차릴 만한 사람은 이런 일을 잘 벌이지 않는다. 잘못을 느낀다 해도 이제껏 이런 식으로 진행되어왔다고 자기변명을 일삼겠지. 이것이 관례였다고, 다른 사람들은 군말 없이 수용하더라고, 까다로운 인간을 만나 불필요한 고생을 했다고 속으로 생각하겠지. 그래도 항의해볼까. 너무 찍혀서 더 찍힐 것이 없는 사람은 찍히는 것을 두려워하지 않는다. 이미 흠뻑 젖은 사람이 비를 두려워하지 않는 것처럼. 그럼에도 항의 옵션을 택하기는 쉽지 않다. 항의는 시간과 에너지를 소모하는 일이므로.

세 번째 선택지는 그냥 무시하는 거다. 어차피 저쪽에서 일방적으로 이메일을 보낸 것 아닌가. 이른바 '읽씹'(읽고 씹어 버리면, 읽고 반응 안 하면)하면 그만이다. 그런데 이 경우도 그리 간단하지 않다. "이 토론자 역할을 맡고 싶지 않고 이 패널에 참여하고 싶지 않으면, 이 메시지를 받는 즉시 우리에게 연락하세요." 별도 연락이 없으면, 기꺼이 토론자 역할을 하겠다는 뜻으로 받아들이겠다는 식이다. 별도 연락 없이 있다가 당일 나타나지 않으면, 그 패널은 자칫 토론자 없이 진행하게 되고, 그러다 보면 패널 자체가 망할 수 있겠지. 그러면 나타나지 않은 토론자 탓을 하겠지. 아, 열심히 일하는데 도와주지는 못할망정! 화를 벌컥 내는 거다. 이런 식으로 자신의 잘못을 남에게 뒤집어씌우는 일은 한국 사회에 흔하다.

음, 세 가지 경우 다 선뜻 선택하기에는 어려움이 있군. 자, 진정하고 일이 왜 이렇게 진행되었는지 상상해보자. 저들의 목표는 업적이 될 만큼 성대하게 국제 행사를 치르는 것이다. 한국에서 성대한 국제 행사를 치르는 데 걸림돌은 특정 분야에 외국어를 구사하는 사람이 많지 않다는 것이다. 그런 사람을 찾다 보니, 외부 접촉이 많지 않은 나한테까지 연락이 왔겠지.

결과적으로는 세 경우 다 선택하지 않아도 되었다. 주변 사람에게 이 일을 털어놓았더니, 그 사람이 책임자를 잘 안 다며 연락해서 처리해주었다. 귀인을 만나 문제가 무난히 해결된 것 같았다. 과연? 그랬더니 떡하니 다음과 같은 이메일이 날아왔다. "김 교수로부터 해당 패널의 토론자 역할이 철회되었습니다." 이번 이메일은 패널 조직자에게 보낸 것이었으며, 나는 그저 참고 수신자로 되어 있었다. 나는 이 절차의 부당함에 대해 주변 사람과 이야기를 나누었을 뿐, 무엇이든 철회한 적이 없다. 맡은 적이 없기에 철회하는 일도 불가능하다. 저 문장대로라면, 절차의 부당함은 전혀 인정되지 않고, 다만 내가 개인 사정으로 인해 의사를 바꾼 셈이 된다.

왜 이처럼 어이없는 방식으로 일이 진행되는가. 비용을 절약하기 위해 그랬을 공산이 크다. 패널 내용에 대해 충분히 설명하고 의의를 공유하는 일, 토론 참여 의사를 먼저 묻는 일, 문제가 생겼을 때 해명하는 일 등에는 그에 상응하는 비용과 에너지가 든다. 번거롭구먼! 관련자 전원에게 보낼 수 있는 이메일 포맷 하나 만들어! 사람들 매칭시켜서 이메일 좍 뿌려! 그런 다음, 하기 싫다고 나서는 사람만 교체하는 게 시간과 에너지를 절약하는 길이여! 이렇게 생각했을 공산이 크다. 그 결과, 누가 참여하는지도, 누가 조직하는지도, 시간이 얼마나 걸리는지도, 취지가 무엇인지도 알 수 없는 패널의 토론자가 탄생한다.

　이 모든 과정의 절차적 부당함은 차치하고, 시간과 에너지는 과연 절약되었나? 그 조직자의 입장에서는 절약되었으리라. 다른 한편, 그 비용과 에너지 손실은 타인에게 전가되었다. 저 부당한 이메일을 받은 사람들은 쓰지 않아도 될 에너지와 시간을 써야만 했으니까. 항의하기 어려워 저런 부당함을 감수할 수밖에 없는 사람들은 어떻게 하란 말인가. 꾹 참고 순응하면 어떤 결과가 기다리는가. 성대한 국제학회를 치러낸 이에게는 영광이 돌아가겠지. 해외의 학자들로부터 인정도 받고, 업적도 쌓고, 네트워크도 확장하고, 그 결과 권력도 증대하고, 여러 기회를 누리고, 나름의 보람도 찾겠지. 꾹 참고 순응한 이에게는 무엇이 돌아가나. 저 정도 순응한 것으로는 무슨 각별한 인정 같은 것을 새삼 받을 리 없다. 그저 까다롭고 비협조적인 인간이라는 비난을 피해갈 수 있을 뿐.

　복기하는 것만으로도 불쾌해지는 이 에피소드를 이처럼 복기하는 이유는 이 일을 저지른 사람을 새삼 탓하고 싶어서가 아니다. 이것이 내가 생각하는 한국 근대화의 모습이기 때문이다. 학문이 일천한 한국에서 거대한 국제 행사라는 기적이 일어나듯, 이른바 한강의 기적도 일어났던 것이 아닐까. 해당 행사에 대해 이해가 부족한 것은 물론, 그 행사를 감당

할 준비도 되지 않았지만, 누군가 그것을 기어이 성대히 치르겠다는 욕망을 품었던 것이다. 마찬가지로, 이른바 근대화에 대해 이해가 부족한 것은 물론, 근대화를 감당할 준비도 되지 않았지만, 누군가 기어이 근대화의 길을 가겠다는 욕망을 품었던 것이다. 그리하여 거대한 국제행사라는 이름으로, 근사한 근대화라는 이름으로, 내실 있게 해내기 어려운 프로젝트를 외부로부터 수주하고, 최소의 비용으로 최대의 결과를 뽑아내려 들고, 그 이익의 큰 부분을 선취하고, 비용의 큰 부분은 타인에게 전가했던 게 아닐까.

이익을 고루 나누기 싫으면, 그런 욕망을 품은 사람들끼리 일을 벌이면 되지 않을까. 그런데 그들은 소수이기에 그 성대한 행사나 근대화를 해낼 수 없다. 그래서 많은 사람들을 끌어들인다. 그 과정에서 많은 사람이 희생된다. 마치 재개발 과정에서 많은 사람이 희생되듯이. 다수의 사람은 자신이 소외되는 재개발을 원하지 않고 자신이 살아오던 터전에서 계속 살아가고 싶었던 것이다. 그러나 누군가 기어이 재개발의 길을 가겠다는 욕망을 품었던 것이다. 그리하여 내실 있게 해내기 어려운 프로젝트를 외부로부터 수주하고, 최소의 비용으로 최대의 결과를 뽑아내려 들고, 그 이익의 큰 부분을 선취하고, 비용의 큰 부분은 타인에게 전가했던 게 아닐까. 그 과정에서 희생된 사람들의 노고는 충분히 기록되지 않는다.

한국 근대화 과정에서 정작 피땀을 흘린 이들의 노고가 잘 기록되지 않고, 소수의 정치인이나 경제인들의 업적만 주로 기록되듯이.

이 모든 일의 문제는 단지 시간과 에너지의 착취나 진행 과정의 무례함에 그치지 않는다. 결정적으로는 학회나 근대화를 하는 근본 이유가 증발한다. 학회에서는 많은 일이 일어난다. 사람들의 교류, 성명의 발표, 저작의 홍보, 임원의 선출 등등. 그것들은 필요한 일들이지만, 제대로 된 학문적 토론이 없으면 그 행사는 결국 공허한 것이다. 오직 공허한 사람들만이 그 공허를 느끼지 못한다. 근대화도 그렇지 않은가. 근대화 과정에서는 많은 일이 일어난다. 사람들과 물자의 교류, 경제 여건의 개선, 외래 정치제도의 수입, 새로운 부유층의 등장 등등. 그것들은 불가피한 일들이지만, 개인과 사회의 정신적 성숙이 따르지 않는다면, 그 근대화는 결국 공허한 것이다. 그 근대화의 결과, 정신적 허허벌판이 된 '선진국'에 한국인이 서 있다.

자유의
궤적

이준혁 지음

1980년 서울대 신입생이었던 어떤 이는 그해 봄을 잊을 수 없다. 쿠데타로 집권한 신군부가 계엄령을 선포한 것이다. 꽃들이 자지러지듯 피어난 어느 봄날, 교정에 탱크가 진주했다. 꽃들이 소스라치듯 피어난 어느 봄날, 기숙사로 군인들이 난입했다. 퍽! 군인들은 욕설과 고함을 지르며 학생들을 구타했고, 학생들은 쫓기듯 기숙사 복도에 집합했다. 그는 다행히(?) 양주 한 병을 가지고 있었다. 그는 자기 방에 난입한 군인에게 그 양주를 서슴없이 건넸다. 그렇게 그는 구타를 피할 수 있었다. 복도로 쫓겨나와 일렬로 선 학생들은 머리를 차가운 바닥에 대고 엎드렸다. 참다못한 기숙사 조교가 벌떡 일어섰다. "나도 군대에 다녀왔어! 그런데 이게 뭐하는……." 말을 다 끝내기도 전에 조교는 피투성이가 되어 쓰러졌다.

이렇게 대학 시절을 시작한 세대에게 자유의 의미는 분명했다. 이 야만스러운 군부독재로부터의 자유. 일주일이 멀다 하고 데모가 이어졌고, 그러한 정치적 저항은 1987년 직선제를 수용하기까지 지속되었다. 군부독재로부터의 자유라는 그 활활 타오르는 명분 속에서 다양한 자유가 시도되었다. 독재에 저항할 자유, 대안적인 사회를 꿈꿀 자유, 법질서를 무시할 자유, 밤거리에서 방뇨할 자유, 그리고 공부를 열심히 하지 않아도 될 자유. 그 시대에는 공부에 집중하지 않아도 될 명분이 널려 있었다. 다양한 이유로 휴강이 밥 먹듯이 이루어졌고, 교수들은 정치권에서 걸려온 전화를 받기 위해 수업을 일찍 끝내기도 했다. 한 학기 수업이 끝나도록 책 한 권읽지 않는 나날들이 흘러갔다.

세월은 흘렀고, 민주화는 이루어졌고, 경제는 성장했으며, 1980년 신입생이었던 그는 대학원생이 되었다. 지금은 어느 대학의 고위 보직자가 된 그가 마침내 박사학위를 받던 1994년 봄, 서울대학교 국문학과 교수이자 문학평론가 김윤식은 대학신문에 "살아 있는 정신에게—자유인의 표상에 부쳐"라는 글을 기고한다. 그 글은 이런 문장으로 시작한다. "군의 입학이 유독 축복을 받아야 할 이유가 있을까." 이렇게 신입생에게 찬물을 끼얹는 문장으로 시작한다. 이른바 명문 대학에 입학해서 기쁨과 자부심에 차 있을 학생들에게, 이 대학 입학은 너희의 성취가 아니라고 일갈한다. "우연히도 군은 밥술이나 먹는 집에서 태어났고 그 때문에 고액의 과외 또는 재수도 할 수 있었고 혹은 튼튼한 육질과 맑은 귀를 유지할 수 있지 않았던가. 밥은 잘 먹었느냐, 잘 잤느냐, 내복 입었느냐, 공부했느냐고 묻는 보살핌 속에 군이 놓여 있지 않았을까." 즉 잘 먹고 잘사는 집안에 우연히 태어난 결과로, 이른바 명문 대학에 입학한 것이니 무엇이 그리 자랑스러울 게 있느냐고 물었던 것이다.

우리가 스스로의 노력으로 당당히 명문 대학에 입학한 영재들이 아니라고? 이게 우리의 자랑스러운 성취가 아니라고? 이렇게 반문할 법한 신입생들이 있었을 것이다. 고교 시절 내내 인내를 거듭했을 이라면 응당 보일 만한 반응이다. 그런데 김윤식은 그들을 한마디로 이렇게 규정한다. 돼지. 너희는 돼지다. 왜 돼지인가? 김윤식은 명문대 신입생을 두고 왜 돼지라고 불렀는가? 대학 입학은 그들의 성취도 아니었을뿐더러 심지어 그들의 '선택'도 아니라고 보았기 때문이다. "심지어 기르는 강아지조차도 군의 안색을 살피는 그런 속에서 군은 살았다. 무슨 대학을 가야 된다든가, 무엇을 전공해야 된다는 것도 이미 결정되어 있었다. 갈데없는 돼지였다."

자신의 인생행로를 스스로 선택하지 않은 존재라, 그런 존재를 무엇이라고 불러야 할까. 김윤식은 그러한 학생들을 노예라고 불렀다. 김윤식이 보기에, 그들을 노예로 만든 이들은 다름 아닌 그들의 '아비 어미'였다. "군을 노예로 만들기 위해 그들은 아마도 사랑이란 위선의 이름으로 그렇게 했던 것이리라." 그들은 사랑이라는 위선의 이름으로 신입생들이 처한 진정한 존재 조건을 가려주었던 것이다. 그렇다면 진정한 존재 조건이란? "군은 다만 태어나졌을 따름. 던져진 존재였던 것. 어디에 던져졌던가. 아무것도 없는 허허벌판이 아니겠는가. 거기 군은 혼자 던져졌고 따라서 불안하지 않으면 안

되었다. 혼자 있음, 불안, 무서움, 이 삼각형의 도식이 군의 본래의 모습이었다."

이러한 존재 조건을 신입생들이 계속 외면할 수 있을까. 그럴 수 없다. 대학은 자유를 추구하는 공간이기 때문이다. 대학에 온 이상 학생들은 수험서가 아니라 인간의 조건을 또렷이 응시하는 텍스트를 읽을 것이라고, 김윤식은 믿었다. "그 계기란 도처에서 예감처럼 온다. 군이 창공의 별을 응시할 때 온다. 헤겔을 읽을 때 온다. 《무진기행》을 읽을 때 온다. 릴케를 읽을 때 온다." 그렇게 읽고 읽다가, 어디에서 와서 어디로 가는지 모르는 고독한 자신을 깨닫게 될 것이다. 그 결과, 불안과 공포에 떨게 될 것이다. 김윤식은 단언한다. "이 짐은 아무도 벗어날 수 없다."

"혼자 있음으로 말미암아 감당해야 될 불안과 공포를 대가로 하여 비로소 얻어진 권리." 김윤식은 자유를 이렇게 규정했다. 이제 더 이상 군부독재와 같은 절대다수가 합의하는 명징한 악은 없다. 그 악에 저항하는 것만으로 자유가 되는 시대는 저물었다. 이제 너는 혼자다. 자유는 바로 거기에 있다. 이렇게 김윤식은 말한 것이다. 그런데 고독과 공포로 물든 이 자유야말로 축복할 일이다. 대학 입학이 축복할 일이라면, 그건 바로 대학이 자유를 추구하는 공간이기 때문이다. 그래서 김윤식은 이렇게 글을 맺는다. "'살아 있는 정신'이라

부르는 이 자유 앞에 군은 지금 서 있다. 군의 입학이 축복받아야 할 이유가 있다면 바로 이 장면에서이리라."

이 글이 인상적이었던 것은 판에 박힌 신입생 입학 축사가 아니었기 때문이다. 이른바 명문 학교에 들어온 학생들의 '얄량한' 자부심에 아부하지 않았기 때문이다. 이 명문 대학의 거대한 네트워크에 진입했으니 이제 든든할 거라고 말하지 않았기 때문이다. 네트워크가 아니라 고독을 강조했기 때문이다. 입시에 성공한 것은 대체로 우연 때문이라고 적시했기 때문이다. 그리고 일관되고 명시적인 '경멸'을 서슴없이 내세웠기 때문이다. 너희는 돼지다. 너희는 노예다. 너희가 자유를 추구하지 않는 한, 돼지이거나 노예일 뿐이다. 이렇게 말했기 때문이다.

김윤식이 저 글을 쓴 지도 약 30년이 지났다. 저 글을 아련한 향수 속에서 바라보게 되는 것은 단지 30년의 간극 때문만은 아니다. 그 30년 동안 대학은 착실하게 길을 잃었다. 누군가를 짐짓 경멸하는 사람이 응당 가지고 있어야 할 지적, 도덕적 권위가 사라졌다. 한때 대학의 권위를 수호했던 수문장들은 그 세월 동안 노골적인 도덕적 타락, 과도한 출세욕, 퇴색한 감수성, 망실된 총기, 깊어진 우울증과 더불어 역사의 뒤안길로 사라져갔다. 너나 할 것 없이 대학의 개혁을 외쳤으나 그 말에 값하는 개혁은 아직 이루어지지 않았다. 대학이 길을 잃은 줄 몰랐거나, 알아도 대충 알았거나, 진심으로 개탄하지 않았거나, 개탄하는 와중에도 꾸준히 눈치를 보았거나.

그리하여 마침내 대학은 완전히 길을 잃은 것으로 보인다. 이제 대학은 진리를 추구하기에 자유로운 것이 아니라 길을 잃었기에 자유로울 것이다. 거기에 입학한 신입생들도 자유로울 것이다. 지나치게 자유로울 것이다. 비문과 비약으로 가득 찬 주장을 해도 고쳐주는 사람이 드물기에 자유로울 것이다. 만만치 않은 숙제로 괴롭히는 사람이 드물기에 자유로울 것이다. 학점만 잘 주는 수업을 쇼핑할 수 있기에 자유로울 것이다. 신입생을 돼지라고, 노예라고 짐짓 경멸하는 교수의 외침으로부터도 자유로울 것이다.

대학은 이제 자유와 진리의 전당이기 이전에 산학협동의 전당이다. 학생들은 존재의 고독에서 오는 공포와 싸우기보다는 취직의 공포와 싸운다. 공포에 질린 포유류가 되어 앞다투어 취직이 용이한 곳, 학점이 수월한 곳으로 몰려간다. 누가 그들을 탓할 수 있으랴. 이 세상을 만든 것은 그들이 아니다. 기분에 의해 타인을 비방하고, 배척하고, 혐오하며, 명예를 거래하는 세상이 되었지만, 그래도 이 세상에서 먹고사는 일은 중요하다. 모든 활동에는 경제적 기초가 있어야 하고, 산 사람은 살아야 하니까. 취직과 돈벌이에 유념하는 것은 타당하고도 당연하다.

그러나 그것을 자유라고 부를 수는 없다. 오늘날 대학에도 자유가 있다면, 군부독재로부터의 자유나 존재의 고독에 직면할 자유가 아니라 이 압도적인 생존 압력으로부터의 자유인 것처럼 보인다. 목전의 생존에만 집착한다고 과연 진짜 생존할 수 있을까. 생존 너머를 상상해야 생존하지 않을까. 어쨌거나, 입학을 축하한다. 이제 노화가 본격적으로 시작되었다. 시간은 더 이상 당신 편이 아니다. 대학 시절의 공부를 인생의 필리버스터라는 자세로 임하라. 시간이 너무 빨리 흐른다는 생각이 들거든 플랭크를 하라. 시간이 실연한 거북보다도 늦게 갈 것이다.

그냥 이렇게
살다가
죽을 것인가

한군이 편찬

사람은 언제 성인(成人)이 되나. 거울을 볼 때 성인이 된다. 거울을 보며 자문할 때 성인이 된다. 난 뭘 하고 싶고, 뭘 해야만 하고, 뭘 할 수 있지? 태어나버렸다는 사실은 한결같지만, 비참하지 않게 살고 싶은 마음이야 비슷하지만, 이 질문에 대한 대답은 사람마다 다르다. 사람마다 처한 사정이 다르고, 손에 쥔 수단이 다르기 때문이다.

튼튼하게 태어난 사람은 근력의 힘으로, 수중에 돈이 있는 사람은 돈의 힘으로, 사교성이 뛰어난 사람은 사교성으로, 머리가 좋은 사람은 두뇌 회전으로, 외모가 출중한 사람은 외모의 매력을 활용해서, 능력 있고 헌신적인 부모를 둔 사람은 부모의 힘을 통해서 어떻게든 그럭저럭 괜찮은 인생을 꾸려보려고 시도할 것이다.

마영신과 권다희의 만화 〈러브 스트리밍〉은 그러한 시도가 이 사회에서 어떻게 실패하는지 보여준다. 〈러브 스트리밍〉의 주인공은 도건과 창묵이라는 청년이다. 이들의 공통점은 자신이 처한 현실에 불만이 있는데, 그것을 타개할 역량은 없다는 것이다. 그나마 도건에게는 아버지가 남긴 임대아파트가 있지만 그것도 곧 뺏길 것이다. 도건의 가난한 친구 창묵에게는 아이 엄마가 포기해서 혼자 길러야만 하는 자식이 있다. 이들은 모두 자기 처지를 벗어나고 싶지만, 그럴 수 있는 능력과 자원이 없다.

자, 이제 어떻게 할 것인가. 그냥 이렇게 살다가 죽을 것인가. 다행히 이들 수중에 정말 아무것도 없는 것은 아니다. 도건에게는 선물처럼 주어진 훤칠한 외모가 있고, 창묵에게는 남들보다 월등한 완력이 있다. 〈러브 스트리밍〉은 훤칠한 외모와 강건한 완력만 가지고는 자기가 원하는 삶을 살 수 없다는 것을 차근차근 보여준다. 도건이 잘생겨봐야 스타 영화배우가 될 수 있는 것도 아니다. 결국 돈 많은 여자를 꼬셔 약간의 돈을 뜯어내는 것 이상을 할 수 없다. 창묵이 싸움을 잘해봐야 올림픽 메달리스트가 될 수 있는 것도 아니다. 동네 불량소년을 두드려 패는 정도 이상을 할 수 없다. 외모 자원과 완력 자원만으로는 그럭저럭 괜찮은 삶에 다가갈 수 없다.

이들이 자기 처지를 바꿀 힘이 없다는 것을 깨닫는 과정을 보여주며 〈러브 스트리밍〉은 뚜벅뚜벅 결말로 나아간다. 나는 결코 내가 원하는 괜찮은 인생을 살 수 없구나! 그럼 어떻게 해야 하지? 여기 두 가지 선택지가 있다. 하나는 별 볼일 없는 자기 처지를 받아들이고 조심조심 살아가는 일이다. 이것이 결국 창묵이 선택한 인생이다. 어설프게 완력을 휘두르다가 불구가 된 창묵은 풀이 죽은 상태로 조용히 하루하루를 살아가기로 마음먹는다. 이제 창묵은 창묵의 방식대로 성인이 된 것이다.

도건은 어떤가. 장차 부모님의 사업을 물려받게 되어 있는 미남 의대생 행세를 더 이상 할 수 없게 되자 도건은 (사이비) 종교에 빠진다. 허영을 좇는 여자들을 꼬시는 일을 더 이상 할 수 없게 되자 의미에 굶주린 사람들을 대상으로 해서 진리(?)를 설파하는 종교인이 된다. 훤칠한 외모와 언변으로 사람을 속인다는 점에서는 예전과 같다. 그러나 중요한 차이가 있다. 전에는 남을 속이기만 하면 되었지만, 이제는 자기 자신도 속여야 한다. 자신도 속이지 못하는 어설픈 종교인이 남을 잘 속일 수 있겠는가.

　사회학자 베르너 스타크(Werner Stark)는 "이데올로기는 거짓말과 완전히 같지는 않다. 거짓말쟁이는 최소한 냉소주의에라도 이를 수 있지만 이데올로기에 빠진 자는 단지 바보로 남을 뿐이다"라는 취지의 말을 한 적이 있다. 단순한 거짓말쟁이는 진실이 무엇인지 잘 알고 있다. 마치 도건이 의사 행세를 할 때 자기가 의사가 아니라 가난한 실업자라는 진실을 잘 알고 있었던 것처럼. 진실이 무엇인지 알고 있으면서 남을 호도하는 것이 거짓말쟁이다. 이데올로기에 빠진 자, 혹은 사이비 종교인은 다르다. 그들은 남들뿐 아니라 자기 자신도 속여야 한다. 자기가 먼저 속아야 자신감을 가지고 남들을 속일 수 있다. 이것이 바로 도건이 걸어간 길이다.

　거울을 보며 다시 묻는다. 난 뭘 하고 싶고, 뭘 해야만 하고, 뭘 할 수 있지? 무시당하지 않고 내 꿈을 이루기 위해 나는 어떤 수단을 가지고 있지? 길을 나서면, 누군가가 창묵처럼 침울한 표정으로 말없이 길을 걷고 있을 것이다. 홧김에 범죄를 저지르지 않는 한 철창에 갇히지는 않겠지만, 자신이 속한 계급의 감옥에 갇힐지도 모른다. 지하철을 타면, 누군가가 도건처럼 종말이 가까웠으니 회개하라고 소리치고 있을 것이다. 추종자들이 생겨 아낌없이 헌금을 하면 그 덕분에 계급의 감옥으로부터 벗어날 수는 있을지 모르지만, 불안으로부터 도망쳐 들어간 마음의 감옥으로부터는 벗어날 수 없을 것이다.

〈러브 스트리밍〉을 읽고 나서 새삼 묻는다. 철창의 감옥에 갇히지도 않고, 계급의 감옥에 갇히지도 않고, 마음의 감옥에 갇히지도 않는 성인의 길이 있을까. 있다면, 어디에 있을까.

그냥 이렇게 살다가 죽을 것인가

환멸에
맞서는
안티테제

한준호 지음

* 2023년 2월에 쓴 글입니다.

여기 한 사람이 있다. 김장하라는 사람. 한 약방을 하며 번 100억이 넘는 큰돈을 흔쾌히 기부한 사람. 평생 육영사업을 하며 어려운 학생들을 도운 사람. 민주화 운동을 하던 이들을 격려한 사람. 권력자의 부정한 청탁을 거부한 사람. 30년이 넘도록 집세를 올리지 않은 사람. 〈진주신문〉, 진주환경운동연합, 형평운동기념사업회, 진주 가정폭력 상담소에 크게 기여한 사람. 불평등, 차별, 부정의와 평생 싸워온 사람. 그럼에도 자신을 내세우지 않았던 사람. 가운데 자리보다는 구석 자리에 가서 앉기를 원했던 사람. 기부를 하고도 이름을 숨기고 싶었던 사람. 그래서 세간에 그다지 알려지지 않은 사람.

이 김장하가 널리 알려지게 된 계기는 지난 연말연시에 등장한 한 편의 다큐멘터리다. 전 〈경남도민일보〉 기자 김주완이 취재한 다큐멘터리 〈어른 김장하〉는 지난 연말 경남 MBC를 통해 처음 방영되었고, 이어 유튜브를 통해 공개되었으며, 시청자들의 호응에 힘입어 설 연휴에 전국 방영이 이루어졌다. 시청자들은 이 타락하고 험난한 시대에 도덕적 삶을 견지해온 김장하에게 감탄했다. 김장하라는 예외적 인물을 통해 자기 삶을 돌아보기도 하고, 그와 조금이라도 닮기를 바라기도 하고, 닮기조차 쉽지 않다는 것을 새삼 깨닫기도 하고, 이 사회에 '어른'이라고 부를 수 있는 인물이 존재한다는 사실에 안도하기도 했다.

나 역시 그와 같은 시청자 중의 한 명이다. 그러나 이 글의 목적은 그러한 감화와 감동과 안도의 소회를 적는 데 있지 않다. 그러한 소회는 다큐멘터리 시청 후에도 여전히 계속될 각자의 일상에서 열매 맺기를 기원한다. 대신, 이 글에서는 〈어른 김장하〉가 조명한 삶이 한국 시민사회의 역사에서 갖는 의미를 생각해보고 싶다.

김장하를 진주 지역 시민사회의 대부라고 부르는 것은 여러모로 적합하다. 그는 현실 정치에 대해 회의적이었지만, 정치에 무관심하지 않았다. 그는 지역 토호의 행태에 비판적이었지만, 지역 유지로서 진주를 위해 헌신했다. 직업적 정치인이 아니어도 공적 관심을 유지하고, 사리사욕이 아닌 정의를 추구하는 것이야말로 시민사회의 핵심이다. 그 핵심을 견지해온 김장하는 진주 시민사회의 형성과 발전에 가장 크게 공헌한 사람이라고 해도 과언이 아니다.

어떻게 해서 김장하는 진주 시민사회에 그토록 넓고 깊은 영향을 끼칠 수 있었나? 이 질문은 김장하가 매우 도덕적인 인물이었다는 점만으로는 대답하기 어렵다. 이 세상에는 보이거나 보이지 않는 곳에서 자신의 도덕적 신념을 지켜나가는 개인들이 있다(고 믿고 싶다). 그러한 삶은 개인의 결단에 의해 상당 부분 가능하다. 평생 길에 침을 뱉지 않겠다는 결심을 실천할 수도 있고, 평생 지각하지 않겠다는 결심을 실천할 수도 있고, 평생 거짓말을 하지 않겠다는 결심을 실천할 수도 있다. 그것들도 꽤 어려운 일이지만, 원칙적으로 자신의 결단을 통해 이룰 수 있는 일이다.

그러나 시민운동은 다르다. 아무리 도덕적 천재가 존재한다고 해도 그가 사회라는 보다 큰 영역으로 나아가는 순간, 그 운동이 유지되기 위해서 많은 것이 추가로 필요하다. 일단, 독립적인 재원이 필요하다. 재원 없이는 지속적인 활동이 불가능하며, 활동 범위가 크게 축소될 수밖에 없다. 그렇다고 해서 돈을 주는 타인에게 좌지우지되어서는 시민운동의 대의가 흔들리기 쉽다. 금권과 건강한 긴장을 유지하기 위해서는 독립적인 재원이 있어야 한다.

김장하는 그 재원을 어떻게 마련할 수 있었나. 일찍부터 이윤이 많이 남는 한약방을 경영했기에 가능했다. 약방 머슴이었던 중졸의 소년 김장하는 미성년의 나이에 한약사 시험에 응시해서 합격한다. 당시 국가의 자격증 체계가 허술했기에 오늘날에는 상상하기 어려운 그런 일이 가능했던 것이다. 아직 엉성하던 국가의 상태가 김장하라는 개인에게 장차 시민사회의 대부가 될 길을 터주었던 것이다. 그러한 우연에 힘입어 젊은 김장하는 한약방을 열 수 있었고, 박리다매를 통해 큰돈을 벌었다.

그 시대에 치부한 사람들은 김장하 이외에도 많다. 어떻게 김장하는 호의호식하지 않고 번 돈의 대부분을 남들을 위해, 그리고 시민사회 발전을 위해 쓸 수 있었는가. 시민사회라는 것은 단지 자기 입에 풀칠하겠다는 생존의 욕구만으로는 성립하지 않는다. 정치판에서 권력을 쟁취하겠다는 욕구만으로도 성립하지 않는다. 집단적이고 공적인 삶에 깊은 관심을 갖되, 직업적 정치나 사적 이윤 추구와 일정한 거리를 둘 때 비로소 가능하다. 그 긴장을 만들어주는 것은 재원도 아니고 조직도 아니다. 그것은 다름 아닌 사상이다.

평등을 추구하고, 차별에 반대하고, 인권을 옹호하고, 보통 사람이야말로 이 세상을 지탱한다는 김장하의 사상은 어디에서 왔나. 〈어른 김장하〉 어디에도 이에 대한 설명은 없다. 아픈 사람에 대한 연민과 특유의 반골 기질이 바탕이 되지 않았을까 추측해볼 뿐이다. 그에 못지않게 두드러져 보였던 것은 오늘날 흔히 '유교', 보다 좁게는 '성리학'이라고 부르는 사상의 흔적이었다. 그가 세운 명신고등학교의 창학 정신은 '명덕신민(明德新民)'이며, 그의 방에는 '사무사(思無邪)'라고 쓴 큰 액자가 걸려 있다. 이 어휘들은 김장하가 이른바 유교의 사상적 영향권 안에 있었다는 점을 시사한다. 그렇다고 해서 김장하가 흔히 볼 수 있는 '유교 꼰대'였다는 말은 아니다. 김장하는 그 세대로서는 예외적일 정도로 여성 인권 옹호에 앞장섰다. 생불이나 빨갱이라고 불리기도 했지만, 김장하가 내세웠던 어휘는 '성리학적'이었다.

사상만큼이나 중요했던 것은 김장하의 태도로 보인다. 스스로를 내세우지 않는 겸손한 태도는 자석처럼 사람들을 끌어당겼고, 그러한 매력이 재원과 결합하자 재단이나 학교 같은 조직으로 열매 맺었다. 그렇게 생겨난 조직 속에서 개인들은 비로소 서로 연결될 수 있었다. 그러한 개인들이 모여 집단적인 힘을 발휘할 때 시민사회는 탄생하고 유지된다. 바로 그 점에서 김장하의 사례는 이른바 민주화 이후 정치적 퇴행에 대한 안티테제가 된다.

중졸 학력 김장하의 견결한 삶은 고학력 정치인들이 보여준 정치적 퇴행과 선명하게 대조되는 안티테제다. 머슴 출신 김장하의 헌신적 삶은 화려한 학생운동 경력을 가진 일부 정치인들이 불러온 환멸에 맞서는 안티테제다. 지방에서 평생을 보낸 김장하의 일관된 삶은 수도권 정치인들의 이합집산에 대한 안티테제다. 시민운동으로 시종한 김장하의 삶은 시민운동 경력을 발판으로 정계에 투신한 정치인들에 대한 안티테제다.

이러한 일들을 해낸 김장하를 도덕적 천재라고 부르는 것은 적절할까. 천재라는 말이, 여느 사람과의 현격한 차이를 강조하기 위한 것이라면 김장하는 도덕적 천재가 맞다. 그러나 천재가 별다른 노력 없이 타고난 성정만으로 뭔가를 해내는 인물을 뜻한다면, 김장하는 천재가 아니다. 그는 자기 삶의 지향을 유지하기 위해 평생을 분투한 사람이었다. 특히 민주화운동이나 시민운동 경력을 발판으로 너도나도 정계에 입문하는 상황에서 김장하는 결국 한자리 해먹기 위해서 선행을 한다는 의혹과 싸워야 했다. 그러한 의혹에 대해 김장하는 애써 대꾸하지 않는다. 그는 끝내 정계의 '한자리'를 하지 않음으로써 대답을 대신했다.

김장하가 '자리'로 환원되지 않는 독립적 가치를 추구했음에도 지역 주민들은 김장하 같은 사람이 대통령이 되어야 한다고 말한다. 그러나 김장하가 되고 싶었던 것은 화려한 정치인이 아닌 소박한 선생님이었다. 그가 견지한 도덕성은 학교 교정 혹은 진주와 같은 비교적 소규모 사회에 더 어울리는 것이었다. 익명성이 지배하는 보다 큰 사회, 거대한 자원을 치밀하게 배분해야 하는 정부의 현장, 그리고 각국의 이해관계가 첨예하게 충돌하는 국제사회에서 김장하식 사상과 태도는 어떤 결과를 낳을 것인가. 김장하는 지역 시민사회를 떠나지 않음으로써 이 난문(難問)에 대답할 필요를 만들지 않았다.

〈어른 김장하〉는 김장하에 대한 이야기인 만큼이나 그를 취재한 김주완 기자의 이야기이기도 하다. 평생 지역 신문 기자로서 살아온 김주완 기자는 그동안 기득권자의 비리와 악행을 폭로하고 비판하는 기사를 주로 써왔다고 자평한다. 그리고 나직하게 덧붙인다. 그런 방식을 통해서 이 사회는 바뀌지 않았다고. 그토록 폭로하고 비판했건만, 세상은 여전히 비리와 모순으로 가득 차 있다고. 은퇴를 맞은 그는 이제 다른 방식을 선택한다. 나쁜 사례를 폭로하고 비판하기보다는 좋은 사례들을 발굴하고 선양하기로 결심한다. 그리하여 진주 시민운동의 숨은 대부라고 불릴 만한 김장하를 취재한다. 〈어른 김장하〉가 재구성한 김장하의 삶은, 악(惡)을 보는 데 지친 김주완 기자가 기어이 보고자 했던 선(善)의 모습이기도 하다.

테세우스의 배는 어디에

이현웅

2022년 10월에 쓴 글입니다.

* 2022년 10월에 쓴 글입니다.

테세우스는 고대 그리스 신화에 등장하는 아테네 왕이다. 그에 관련된 일화 중 가장 유명한 것이 괴물 미노타우로스를 죽인 이야기다. 크레타의 왕 미노스의 아내 파시파에는 황소와 교접하여 몸은 사람이지만 머리는 소인 괴물 미노타우로스를 낳는다. 이에 미노스는 다이달로스에게 한번 들어가면 쉽게 나올 수 없는 미궁(迷宮)을 만들게 하고, 거기에 미노타우로스를 가둔 다음 젊은 남녀 각각 일곱 명을 제물로 바쳤다.

당시 아테네의 왕자였던 테세우스는 미노타우로스를 죽이려고 크레타섬에 도착한다. 미노스의 공주 아리아드네가 테세우스에게 반한 나머지, 미노타우로스를 죽일 칼과 미궁에서 빠져나올 수 있게 도와줄 붉은 실타래를 준다. 아리아드네의 도움으로 테세우스는 미노타우로스를 죽이고 마침내 미궁에서 빠져나오는 데 성공한다. 그다음 전개는 이야기마다 다르다. 가장 널리 알려진 스토리는 아리아드네가 잠든 틈을 타서 테세우스 혼자 크레타섬을 떠났다는 것이다.

이 이야기에는 인간과 동물 간의 교접, 괴물의 탄생, 빠져나오기 어려운 미궁, 영웅의 등장, 비극적 사랑 등 자극적인 요소가 가득하다. 이 중에서도 특히 예술가의 관심을 끈 것은 아리아드네의 운명인 것 같다. 사랑하는 이가 미궁을 벗어나게 도와줄 능력은 있었으나 스스로 사랑의 미궁에서 빠져나올 능력은 없었던 아리아드네는 비극적 짝사랑을 상징한다. 여성의 충심(loyalty)이라는 덕목에 관심이 많았던 신고전주의 화가 앙겔리카 카우프만(Angelika Kauffmann, 1741~1807)은 상심한 아리아드네의 모습을 거듭 그렸다. 사랑하는 테세우스는 과연 어디에? 1774년 작에는 상심한 아리아드네의 손 너머로 저 멀리 떠나는 테세우스의 배가 보인다. 카우프만은 1774년 이후에 다시 한번 아리아드네의 모습을 그리는데, 그 그림에는 이루어지지 못한 사랑을 탄식하며 울고 있는 에로스가 등장한다.

사랑에 관심 있는 이

저자 미상, 크레타의 미궁에 관한 삽화이며 그림근, 1460~1470년경

TESEO   ADRIANNA

에게는 아리아드네가 관심의 대상이겠지만, 사상의 역사에 관심이 있는 이에게는 테세우스의 배가 더 흥미롭다. 아리아드네의 연정을 아랑곳하지 않고 아테네로 귀환한 테세우스는 대단한 일을 해낸 영웅 대접을 받는다. 아테네 사람들은 테세우스가 타고 온 배를 보존하기로 결정한다. 배의 판자가 썩으면, 썩은 판자를 새 판자로 교체하면서 데메트리오스 팔레레우스의 시대(기원전 3세기)까지 배를 보존했다고 한다. 그런데 오랜 세월 그 작업을 반복하다 보면 결국 그 배의 모든 판자는 새 판자로 교체될 것이 아닌가. 모든 판자가 다 교체된 배, 그 배를 여전히 테세우스의 배라고 할 수 있을까? 과연 테세우스 배의 정체성은 어디에 있는가? 영웅전으로 유명한 플루타르크는 테세우스의 배를 사례로 들어 정체성에 관해 이처럼 근본적인 질문을 던졌다. 우리도 유사한 질문을 던질 수 있다. 만약 한국인을 하나하나 다 새로운 사람들로 교체하면, 그 한국은 여전히 한국일까?

저서 《몸에 대하여(De Corpore)》에서 영국의 정치철학자 토머스 홉스는 한술 더 뜬다. 만약에 테세우스의 배에서 나온 낡은 판자들을 버리지 않고 고스란히 모아 똑같은 배를 만든다면, 그 배의 정체성은 무엇인가? 새로운 판자로 개비한 첫 번째 배와 낡은 판자를 사용해 만든 두 번째 배 중 어느 것이 진정한 테세우스의 배인가? 만약에 현재의 한국인들이 모두 어디론가 이민 가서 나라를 세우고, 현재 한반도에는 외국에서 이민 온 사람들이 살고 있다고 생각해보자. 둘 중 어느 나라가 진정한 한국인가? 단군의 자손이라는 신화적 설명으로 과연 이 정체성에 대한 질문에 답할 수 있을까.

홉스의 생각에서 한 걸음 더 나아갈 수도 있다. 낡은 판자들을 모아 또 하나의 배를 만들면 뭐 하나, 그 낡은 판자들 역시 예전 그 판자들이라는 보장이 없는데. 세월의 풍화를 거치면서 그 판자들도 많이 변형되었을 것이다. 30년 전 당신과 현재의 당신은 같은 사람인가? 당신의 세포와 마음은 30년 전과는 꽤 다를 텐데? 혹시 별도의 인물은 아닌가? 만약 자신의 유전자를 더 고스란히 잘 간직하고 있는 복제인간이 있다면, 그가 혹시 진정한 당신은 아닌가?

이런 질문은 이민자들의 나라에 좀 더 익숙할 것이다. 그래서일까, 미국 사람들은 좀처럼 지역이나 혈통을 가지고 미국의 정체성을 정의하려 들지 않는다. 그들이 자주 들먹이는 것은 "미국은 하나의 관념이다(America is an idea)"라는 말이다. 정치인이나 언론이나 유명인들이 잊을 만하면 이 말을 들먹이고, 이것이야말로 다른 나라와는 다른 미국만의 특징인 것처럼 말한다. 미국 대통령 조 바이든도 작년 현충일에 미국은 하나의 관념이라는 말을 힘주어 강조했다. 그것이야말로 중국과 러시아 같은 다른 강대국과는 구별되는 미국만의 특징인 것처럼.

한국의 인구는 계속 줄어들고 있고, 정부는 엄청난 예산을 들이면서도 그 흐름을 바꾸는 데 꾸준히 실패하고 있다. 한국이 유지되려면 아마도 상당 규모의 이민이 불가피할 것이다. 이제 한국의 정체성을 생각하는 방식을 바꿀 때가 오고 있다. 어쩌면 이미 왔다. 언젠가는 한국 대통령도 말할지 모른다. 한국은 하나의 관념이라고.

앙겔리카 카우프만, 〈테세우스에게 버려진 아리아드네〉, 1774년

한국
주제의
전시에
가다

한국어 사진

* 2023년 12월에 쓴 글입니다.

평상시 물고기가 물을 의식하지 않는 것
처럼, 평상시 한국인들은 한국을 의식하지 않는다. 한국에서
한국인은 그저 인간이다. 그러나 해외에서는 다르다. 그저 인
간이기를 그치고 새삼 한국인이 된다. 음식의 경우만 해도 그
렇지 않은가. 한국에서 한국인은 그저 음식을 먹는다. 백반
을 먹을 때조차 우리는 음식을 먹는 것이지 한국 음식을 먹는
것이 아니다. 그러나 해외에서는 다르다. 똑같은 음식도 이제
'백반'이기를 그치고 '한식'이 된다. "백반 먹으러 갈까"가 아
니라 "한식 먹으러 갈까"라고 말하게 된다. 이처럼 한국을 벗
어났을 때 한국을 보다 첨예하게 의식하게 된다. 마치 물고기
가 물을 벗어났을 때 비로소 물을 의식하게 되는 것처럼.

사진인들 다르랴. 한국인이 한국에서 풍경과 일상과 순
간을 찍을 때 그것은 그저 풍경이고, 일상이고, 삶이다. 그러
나 외국인은 다르다. 그들에게 그 사진이 보여주는 것은 그저
풍경이 아니라 한국의 풍경이고, 그저 일상이 아니라 한국의
일상이고, 그저 삶이 아니라 한국의 삶이다. 우리는 그저 우
리의 삶을 찍은 사진을 감상하기 위해 전시장에 갈 때 외국인
들은 한국인의 삶을 찍은 사진을 보기 위해 전시장에 간다.

외국에서 열리는 한국 주제의 전시라면 더 말할 것도 없
다. 관객들은 그저 예술을 보러 오는 것이 아니라 한국이라는
특정 나라의 예술을 보러 온다. 케이팝 열풍 때문일까. 그 어

느 때보다도 많은 한국 관련 전시가 미국 곳곳에서 열리고 있다. 샌디에이고 미술관(SDMA)에서는 "생의 찬미"라는 제목으로 샌디에이고 미술관 역사상 최초의 한국 미술 주제 기획전이 열리고, 뉴욕의 구겐하임 미술관에서는 한국 실험 미술전이 열리고, 메트로폴리탄 미술관에서는 한국실 설치 25주년을 기념하는 "계보: 메트의 한국 미술"전이 열리고, 필라델피아 미술관에서는 "시간의 형태: 1989년 이후 한국 미술전"이 열리고, 애리조나주의 투손 크리에이티브 사진센터(CCP)에서는 "기록과 경이"라는 제목으로 한국 현대 사진전이 열리고 있다.

외국에서 열리는 한국을 주제로 한 전시에서는 한국의 존재감을 각인하기 위해 어떤 전형성을 내세우기 쉽다. 예컨대, 1994년에 투손의 피마대학 갤러리에서 열린 한국 사진전을 떠올려보자. 전시 제목은 그 이름도 친숙한 "조용한 아침의 나라의 비전(Visions from the land of the morning calm)"이었다. 그 전시에는 예상대로 갓을 쓴 양반의 모습이나 한복 차림의 부녀자 모습이나 한국의 산야 곳곳에서 자라는 소나무 사진이 포함되었다. 그도 그럴 것이, 외국인들은 아직 낯선 나라인 한국에 대해 알고 싶어서 전시장을 찾았을 것이고, 전시 기획자는 그에 부응하기 위해 전형적인 이미지를 포함시켰을 것이다.

그러나 그로부터 30년의 세월이 지난 오늘날의 상황은 다르다. 한국은 이미 세계적으로 유명한 나라다. 외국인들은 한국에 대해 이미 어떤 전형적인 이미지를 품고 있다. 이를테면 케이팝 스타들처럼 한국인들은 잘생기고 춤을 잘 추는 매력적인 사람들일 거라는 전형적인 기대도 있다. 그러나 기대는 충족되기보다는 깨지기 위해 존재하는 법. 케이팝의 매력에 흠뻑 빠져서 한국을 찾은 외국인 관광객이 남겼다는 일화가 잊히지 않는다. 평범한 한국인을 마주한 그 관광객은 의아해하며 이렇게 물었다는 것이 아닌가. "당신은 케이팝 스타들과 다른 부족 출신입니까?" 하긴, 나나 내 주변 사람 중에 케이팝 스타들과 비슷하게 생긴 사람은 아무도 없다. 한국은 이제 다른 부족들이 모여 사는 나라처럼 다른 외모, 다른 가치관, 다른 정치적 지향을 가진 이들이 부글거리는 곳이 되었다.

이러한 시대의 한국 관련 전시는 30년 전과는 달라야 한다. 전형성의 기대에 부응하기보다는 그 기대를 창조적으로 배반해야 한다. 관객들의 한국에 대한 스테레오 타입을 확인해주는 것이 아니라 과감하게 넘어서야 한다. 예술의 야심은 얼핏 보이는 것보다 더 많은 층위(layer)를 드러내는 데 있지 않던가. 이번에 열린 크리에이티브 사진센터의 현대 한국 사진전의 경우를 보자. 전시장을 찾은 미국인들은 케이팝 스타 사진이나 옛 궁궐의 사진이나 조선의 달항아리 사진을 기대했을지도 모른다.

그러나 기대는 충족되기보다는 멋지게 깨지기 위해 존

Bae, Bien-U
Koo, Bohn-Chang
Kim, Chung-Ha
Lee, Kyu-Chul
Lee, Kap-Chul
Oh, Sang-Jo
VISIONS
FROM THE
LAND OF THE
MORNING CALM
KOREA

1994년 미국 투손 피마대학 갤러리에서 열린 사진전 초대장

2023년 미국 투손 크리에이티브 사진센터에서 열린 사진전 포스터

재하는 법. 전시장에 들어온 사람들은 예상외의 이미지들을 마주치게 된다. 추석 귀성 행렬에서 소외된 외국인 노동자, 심야에 마주친 귀를 다친 소년, '국제결혼'을 하고 서로 다른 곳을 응시하고 있는 커플, 고즈넉한 옛 궁궐이 아니라 돈을 벌기 위해 급조된 한옥 수영장, 자신을 드러내거나 감추기 위해 짙은 화장을 한 청소년들, 심지어는 서울 시민들이 그 존재를 의식하지 못하고 있던 북한산 들개 사진도 있다. 도시 재개발로 인해 적지 않은 개들이 주인을 잃고 근교의 산으로 쫓겨나 있었던 것이다.

이 사진들은 컴퓨터를 통해 조작된 가상의 이미지가 아니다. 이것들은 모두 한국에 엄연히 존재하는 대상들을 찍은 현장 사진들이다. 현장 사진가의 소명은 대상을 핍진하게 보여주면서 그 대상 이상의 것을 보여주는 데 있다. 한국 관련 전시도 마찬가지다. 한국 관련 전시의 소명은 눈앞의 한국을 보여주되, 전형적인 한국 이상의 것을 보여주는 데 있다. 왜 그래야 하냐고? 애증의 나라, 한국의 현실은 "조용한 아침의 나라"나 "케이팝의 나라"와 같은 상투어로 요약될 수 없을 만큼 뒤틀려 있으니까. 그래서 흥미롭기도 하고, 그래서 중독되기도 하니까.

권도연, 〈북한산, 검은 입〉, 2019년

자유의
여신상을
보다

한국의
건축

* 2025년 2월에 쓴 글입니다.

어린 시절 본 영화 〈혹성탈출(Planet of the Apes)〉(1968)의 결말을 잊을 수 없다. 먼 미래의 어느 날, 주인공 일행을 태운 우주선이 이름 모를 행성에 불시착한다. 행성을 탐사하던 그들은 곧 말을 타고 총을 쏘는 원숭이 무리에게 붙잡히게 된다. 알고 보니 이 행성은 원숭이들이 지배하는 곳이었고, 인간을 닮은 노예들은 우리에 갇혀 있었다. 세상에, 원숭이가 인간을 우리에 가두다니, 이곳은 지구와 정반대의 세계가 아닌가. 천신만고 끝에 원숭이들로부터 도망친 주인공은 해안에서 부서진 자유의 여신상을 마주하게 된다. 지구였던 것이다! 지구에서 멀리 있는 다른 행성인 줄 알았던 곳이 다름 아닌 지구였던 것이다.

이 충격적인 결말에서 자유의 여신상은 인류 문명 전체를 상징한다. 원숭이 같은 동물들을 지배하며 자기 위주의 자유를 구가하던 인류는 결국 원숭이에게 구속당하는 부자유한 상태로 전락하고 말았던 것이다. 뉴욕 부둣가에서 인류의 자유를 상징하던 여신상은 이제 부서진 채로 해변에 버려져 있다. 자만심이 가득했던 인류 문명의 허망한 종말. 망한 것은 다름 아닌 자신의 세계라는 이 역설적 깨달음. 미래와 우주를 배경으로 한 이 고난의 여정은 결국 자기 처지를 깨닫기 위한 여정이었던 셈이다.

자유의 여신상은 원래 인류 문명이
아니라 미국 문명을 상징한다. 영화 〈브루
탈리스트〉를 보라. 헝가리계 유대인 건축
가 라즐로는 홀로코스트를 피해서 미국으
로 망명한다. 천신만고 끝에 대서양을 건
넌 망명자나 이민자에게 미국은 실로 자
유세계 그 자체가 아니었을까. 마침내 뉴
욕에 도착한 라즐로를 그 유명한 자유의
여신상이 맞는다. 올려다본 라즐로의 시
야에 자유의 여신상은 기이하게 기울어져
보인다. 이것은 영화 전체를 상징하는 장
면으로서 영화 포스터로도 사용되었다.

미국에 온 라즐로는 온갖 고생 끝에
결국 아메리칸 드림을 이루기는 한다. 초
반에 건설 현장에서 고생하던 라즐로는
귀인을 만나 건축가로서 재기한다. 그리고 우리가 아는 그 많
은 미국 이민자들처럼, 타지에 있는 가족을 불러들인다. 그러
나 그가 경험한 미국의 자유는 결코 밝고 아름답기만 한 자유
는 아니었다. 자유의 여신상이 기울어져 보였던 것처럼, 미국
의 곳곳은 기울어져 있다. 이른바 유색인종은 인종차별을 당
하고, 고용자는 피고용자를 강간하며, 삶이라는 전장에서 상

처받은 사람들은 마약에 탐닉한다. 자유를 찾아온 이 고난의 여정은 결국 부자유를 깨닫기 위한 여정이었던 셈이다.

그 깨달음 속에서 라즐로는 마침내 브루탈리즘(brutalism) 이란 건축 미학을 구현해낸다. 콘크리트를 그대로 노출시켜서 어둡고 거칠고 육중하고 날것 그대로의 거친 느낌을 주는 건축. 그 건축은 유럽 왕족이 사는 궁궐 양식과는 다르다. 화

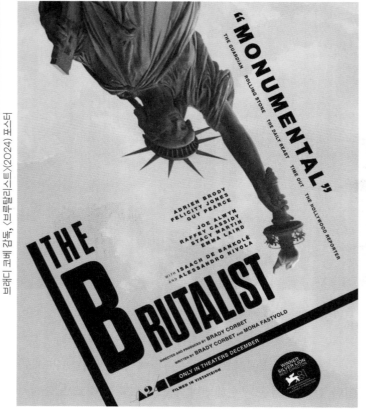

한국의 현재

려하고 밝고 개방된 자유의 여신상과도 다르다. 브루탈리즘
은 그런 호들갑을 떨지 않는다. 창문이 없어 침묵의 요새처럼
보이는 건물, 라즐로의 첫 작품은 동구권의 폐쇄적 상상력뿐
아니라 자유로울 듯 결국 자유롭지 않던 미국에서의 체험을
담고 있다. 창문 없이 폐쇄되어 있기에 그 건물은 자유가 아
니라 부자유의 여신상처럼 보인다. 동시에 천장을 통해서 들
어오는 외줄기 빛으로 인해 부자유 속에 서 있는 구원의 여신
상처럼 보이기도 한다.

영화에서 브루탈리즘이 유대인 망명자의 정신을 표현
하듯이, 현대 한국의 정신을 표현해주는 건축이 있지 않을까.
한국에도 아름답고 멋진 건물들이 실로 많이 있다. 브루탈리
즘뿐 아니라 여러 현대 건축사조의 명작들이 여기저기 산재
해 있다. 유명한 외국 작가에게 의뢰하여 탄생한 그 멋진 건
물들이 한국인의 정신을 대변한다고 할 수 있을까. 드물게 나
타나는 천재적인 한국 작가의 작품이 한국인의 무의식을 대
변한다고 할 수 있을까. 어쩌면 한국인 대부분이 사용해본 적
있는 예식장이나 모텔 건물이야말로 한국인 다수의 정신을
담고 있지 않을까. 그리하여 나는 기회가 닿을 때마다 그 이
미지들을 수집해왔다. 실로 한국인의 상상력은 거침없다. 난
데없는 고딕 양식의 예식장이 있질 않나, 이슬람 건축을 연상
시키는 돔 형태의 모텔이 있질 않나.

한국의 현재

나는 작년 겨울에 마주친 어느 비즈니스호텔을 특히 잊을 수 없다. 한국 민중미술 작가 신학철의 회고전을 보러 가던 도중이었다. 창밖으로 펼쳐지는 한 조각상의 위용에 넋을 잃고 부랴부랴 차에서 내렸다. 자유의 여신상이 제법 높은 비즈니스호텔 위에서 나를 굽어보고 있었던 것이다. 그 비즈니스호텔 옆에는 부유층을 위한 고층 주상복합 건물이 솟아 있었고, 앞 건설 현장에는 "건설노동자 살길이다, 윤석열을 탄핵하자!"라는 현수막이 걸려 있었다. 이것이야말로 바로 한국이 아닌가.

가장 인상적이었던 것은 신학철 작가의 작품도 아닌, 붉은 현수막도 아닌, 불끈 솟은 주상복합 건물도 아닌, 바로 자유의 여신상이었다. 해외에 실존하는 미국은 세계를 책임지겠다는 자세를 점점 버리고 있는데, 한국인이 직접 만든 자유의 여신상만큼은 이렇게 비즈니스호텔 옥상에서 한국인을 굽어보고 있었던 것이다. 이 여신상이 상징하는 자유란 무엇일까. 예술품의 의미는 모름지기 그것이 위치한 장소와 분리되기 어려운 법. 자유의 여신상이 이민자를 맞는 부두가 아니라 도시의 비즈니스호텔에 서 있다면, 그 자유는 봉인 해제된 욕망을 상징하는 게 아닐까.

자유의 여신상을 보다

3부

누군가의
소원을
본다는
것은

한국의 소원

인간은 뭔가 희망하는 동물이다. 지금 당장의 현실보다 더 나은 것을 상상하고 소원하는 동물이다. 그 소원이 가진 동원의 힘은 굉장하다. 인간에게는 소원이 있기에, 현 상태에 안주하지 않고 분투한다. 설령 그 소원이 이루어지지 않는다고 하더라도 그가 무엇인가 소원하는 한, 아무것도 소원하지 않는 존재와는 다르다. 누군가를 깊이 이해하기 위해서는 그를 둘러싼 당장의 현실뿐 아니라 그가 소원하는 바를 알아야 한다.

그래서였나. 나는 오래전부터 사람들의 소원을 아카이빙하는 데 관심을 가져왔다. 입학생들에게 장래 희망을 묻는다. 졸업생들에게 졸업 후 소망을 묻는다. 절에 가서는 소원을 써넣은 기와들을 눈여겨보곤 한다. 건물을 짓기 위해 신도들에게 기와를 팔고, 그 수익금을 건물 축조에 사용하는 기와 불사라는 것이 있다. 기와 불사를 진행 중인 절에 가면, 신도들이 기와를 구입하고 그 위에 흰 글씨로 소원을 적어놓은 것을 볼 수 있다. 사업이 번창하게 해주세요. 사랑이 이루어지게 해주세요. 가족들 건강하게 해주세요. 주식이 오르게 해주세요. 이처럼 사람들의 소원은 끝이 없다. 내가 기억하는 가장 인상적인 기와 불사 소원은 이것이다. 평범하게 살게 해주세요.

전 세계적으로 소원을 아카이빙하는 프로젝트가 있다.

"죽기 전(before I die) 공공 예술 프로젝트"라는 것이다. 2011년 어느 날, 캔디 창(Candy Chang)이라는 사람은 어머니처럼 따르던 이의 갑작스러운 죽음으로 크게 상심한다. 새삼 자기 삶을 점검하고, 죽기 전에 하고 싶은 일을 해야겠다고 결심한다. 그리하여 벽에다가 자신이 죽기 전에 하고 싶은 일을 낙서처럼 적기 시작한다. 그것을 본 다른 사람들도 자기들이 죽기 전에 하고 싶은 일을 따라 적으면서 벽화가 만들어졌다. 이 벽화 만들기는 하나의 운동처럼 퍼져나가 현재 78개국에서 5000개가 넘는 프로젝트가 진행 중이라고 한다.

세계 곳곳에 사는 사람들의 소원 내용이 궁금하거든, 이 프로젝트의 웹사이트(https://beforeidieproject.com/)를 방문하면 된다. 그곳에서는 이 프로젝트의 시작 배경, 진행 중인 나라, 도시, 사진, 소원의 내용, 그리고 사람들의 반응을 볼 수 있다. 이 운동을 추진하는 이들에 따르면, 각각의 벽화는 반성적 삶(an examined life)에 대한 찬사라고 한다.

이 웹사이트에 따르면, 우리나라의 여주, 용인, 서울, 포항 등지에서도 이 "죽기 전 공공 예술 프로젝트"가 진행 중이다. 내가 이 프로젝트의 벽화를 직접 본 것은 얼마 전 군산에서다. 군산의 대표적 관광지인 근대역사박물관 근처에 큼직한 벽화 패널이 세워져 있고, 사람들이 그곳에 자신들의 소원을 적고 있었다. 그곳에 적힌 내용이 꼭 군산 사람들의 소원

Before I die I want to _____

Before I die I want to _____

Before I die I want to _____

Before I die I want to _____

Before I die I want to _____

Before I die I want to _____

Before I die I want to _____

Before I die I want to _____

Before I die I want to _____

Before I die I want to _____

Before I die I want to _____

Before I die I want to _____

Before I die I want to _____

이라고 하기는 어렵다. 군산에 들른 관광객들이 자신들의 소
원을 기록했을 수도 있다.

내가 본 벽화에 적힌 소원 내용은 압도적으로 돈에 대한
것이었다. 좋아하는 연예인을 만나고, 사랑을 이루고, 만주에
가고 싶다는 인상적인 소원도 있었지만, 압도적으로 많은 것
은 역시 돈에 대한 소원이었다. "억만장자", "돈 벼락 맞기",
"이재용 아들 되기", "이재용 아들이랑 결혼", "건물주", "로
또 당첨", "서울 톱 3 아파트 사기", "buy my own luxury Seoul
house(호화로운 서울 집 사기)."

이러한 구체적인 소원 내용은 꽤 흥미롭다. 그냥 돈을 원
하는 게 아니다. 많은 돈을 원하는 것도 아니다. 그야말로 엄청
나게 많은 돈을 원한다. 그리고 그 돈을 벌겠다는 소망보다는
횡재를 하겠다는 열망이 강하다. 부유하기로 소문난 이재용
씨만큼 돈을 벌겠다는 것도 아니고, 이재용 씨가 되겠다고 하
는 것도 아니고, 이재용 씨의 며느리나 아들이 되겠다는 거다.
자수성가하기는 어렵고 결국 물려받아야 큰 부자가 될 수 있
는 현실을 반영한 것일까. 평생 월급을 저축해봐야 '고급' 아파
트를 살 수 없는 사람들이 대부분인 현실을 반영한 것일까.

엄격히 말하면, 이 소원들은 죽기 전에 이루고 싶은 일이
라기보다는 일어나기를 바라는 일들이다. 즉 자기 의지와는
대체로 무관하다. 어떤 점에서 이 벽화가 반성적 삶에 대한

찬사가 되는 것일까. 벽에 큰 글씨로 적었다는 것은 그 소원이 순간 스쳐간 생각이라기보다는 평소에 하던 생각일 가능성이 크다. 농담이라고 할지라도 그것은 충동적인 농담이 아니라 숙고된 농담일 가능성이 있다.

내용이 무엇이든 소원을 공공연하게 적은 사람들은 나와는 상당히 다른 사람들 같다. 나는 이재용 씨 아들이 되기에는 너무 나이가 많고, 이재용 씨 며느리가 되고 싶은 마음도 없으며, 만주 여행도 현시점에는 고려하고 있지 않다. 그러나 내게도 소원이 있다. 나는 내 소원을 공공연하게 벽에 적을 수 없다. 그러지 말고 소원을 말해보라고? 소원을 떠올리는 순간, 난 눈물이 나서 아무 말도 할 수 없을 것 같은데.

어떤
행동이
발생하기
위해서는

한국이
기획

눈덩이처럼 불어난 신용카드 지출 내역을 읽다 보면, 의식하지 못한 채 많은 서비스 구독료가 빠져나가고 있음을 깨닫게 된다. 음악을 듣기 위해, 영상을 보기 위해, 잡지를 읽기 위해, 뉴스레터를 받기 위해, 각종 앱을 사용하기 위해 매달 돈이 빠져나가고 있다. 이대로 두어도 될까. 위기감이 들어 그중 자주 사용하지 않는 서비스로부터 탈퇴하겠다고 마음먹어본다. 그러나 탈퇴는 생각보다 쉽지 않다.

어떤 서비스에 가입하기는 쉬워도 탈퇴하기는 어려운 경험을 다들 한번쯤은 해보았을 것이다. 수십 년 전 중고등학교 운동부 중에는 수십 대 맞아야 탈퇴가 가능한 곳도 있었다. 이제 그런 곳은 없어졌겠지. 온라인 활동이 발달한 오늘날에는 가입 버튼은 눈에 띄는 곳에 큼지막하게 만들어놓는 반면, 탈퇴 버튼은 오랫동안 헤매야 간신히 찾을 수 있게끔 해놓는 경우가 흔하다. 탈퇴 버튼 찾으려다 지치기를, 혹은 탈퇴 버튼 찾는 와중에 변심하기를 기대하는 속셈, 어지간히 강한 탈퇴심이 아니면 탈퇴하지 못하게 하려는 비즈니스 전략이 거기에 있다.

이쯤 되면 애당초 이 서비스에 왜 가입했나 하는 후회가 밀려온다. 어떤 행동이 발생하기 위해서는 욕망, 기회, 능력이 필요하다고 사회과학자 욘 엘스터는 정리한 바 있다. 맛있는 것을 먹는 행위를 하려면, 맛있는 것을 먹고자 하는 욕망이 있어야 하고, 맛있는 것을 접할 기회가 있어야 하고, 맛있는 것을 판별할 능력이 있어야 한다. 마찬가지로 특정 서비스에 가입할 당시에는 그에 관련된 욕망이 있었고, 그 욕망에 맞는 서비스라는 기회가 있었고, 그 서비스를 알아볼 능력이 있었다. 그래서 가입했다.

서비스 제공자는 대중의 욕망과 능력을 알아보고 그에 맞는 서비스를 개발해서 제공했다. 그래서 가입자들은 그 서비스를 통해 편의를 얻을 수 있었고 욕망을 실현할 수 있었다. 그런데 이제 변심한 가입자가 그 서비스 구독을 그만두려는 것이다. 그가 탈퇴하면 서비스 제공자가 얻는 이익이 줄어들 것이다. 어떻게 그를 말릴 수 있을까? 욕망, 기회, 능력 중 일부라도 작동하기 어렵게 만들면 된다. 탈퇴하려는 욕망을 없애거나 탈퇴 기회를 축소하거나 기회 판별 능력을 박탈하면 된다. 서비스 제공자는 개인의 욕망과 능력을 좌지우지하기는 어렵지만, 서비스 기회는 제법 통제할 수 있다. 그래서 서비스 가입 경로는 쉽게 해놓는 반면 탈퇴 경로는 어렵게 만들어놓는 것이다.

탈퇴하려던 이는 버튼을 찾다가 지쳐서 자문한다. 이 고생을 해가며 탈퇴할 정도로 내 탈퇴 욕망은 강력한가. 수십 년 전 중고등학교 운동부 탈퇴 희망자는 맞아가면서까지 탈퇴해야 할까라고 자문했겠지만, 이제 달리 자문한다. 다른 급한 일들이 기다리고 있는데 이거 하나 탈퇴하자고 이 고생을 해야 하나. 그러다 보면 탈퇴를 미루게 되고, 서비스 비용은 계속 청구될 것이다.

인생이라는 서비스는 어떤가. 인생이 실현되기 위해서도 욕망, 기회, 능력이라는 삼요소가 필요하다. 삶을 살아낼 욕망, 기회, 능력이 모두 필요하다. 그런데 여느 서비스와 달리, 인생이란 서비스 가입은 자신의 동의 없이 이루어진다. 자기 욕망 때문이 아니라 부모의 욕망 때문에 인생이 시작된다. 눈을 떠보니 어느덧 인생이라는 서비스에 가입되어 있는 것이다! 이제 할 수 없이 할당된 인생을 살아가야 한다. 운 좋게 기회와 능력이 충분하다면 별 문제 없지만, 기회와 능력이 열악하면 부모에게 불평할 수 있다. "왜 나를 낳았어!" 자식을 인생이라는 서비스에 가입시킨 부모도 딱히 할 말이 없다. 이른바 '낳은 죄' 때문에. 그러나 그것도 어쩌면 100퍼센트 그들 책임은 아닐 것이다. 종족 번식의 욕망을 주입한 것은 그들이 아니라 조물주가 아니겠는가.

이렇게 시작된 인생, 살다 보면 인생 서비스에서 탈퇴하고 싶은 순간이 올 수 있다. 생존 자체를 위협하는 환경이 지속될 때, 사는 것이 너무나 열악할 때, 희망이 사라졌을 때 "죽고 싶다"고 중얼거리며 서비스 탈퇴 버튼을 찾게 된다. 그러나 인생 서비스 탈퇴 버튼은 찾기 쉽지 않다. 여기에는 생명

존중 사상뿐 아니라 국가의 전략적 개입이 있다. 국가가 굴러 가려면, 누군가 살아남아 분업을 하고, 세금을 내야 한다.

자살을 어렵게 혹은 불가능하게 만들려면 자살의 욕망, 기회, 능력을 없애야 한다. 국가가 개인의 자살 욕망과 능력을 쉽사리 없앨 수 있을까. 그보다 쉬워 보이는 것이 자살 기회를 줄이는 것이다. 그래서 많은 국가가 자살 도구에 접근을 제한한다. 그러다 보니 보통 사람은 죽고 싶어도 쉽게 죽을 수 없다. 의사들의 자살률이 높은 것은 치명적인 약물에 남보다 쉽게 접근할 수 있기 때문이라는 지적이 있다. 안락사라는 서비스도 마찬가지다. 안락사는 일종의 조력 자살로서 자살 기회를 줄이고자 하는 국가의 의지와 충돌한다.

인구 문제도 마찬가지다. 여기에도 욕망, 기회, 능력의 삼요소가 작동한다. 인구가 유지되거나 늘기 위해서는 아이를 낳으려는 욕망과 기회와 능력이 충분해야 한다. 인생 사는 게 힘들다는 것을 깨달은 이들은 쉽게 아이를 낳으려 들지 않는다. 이제 국가가 나서서 개인의 재생산 욕망, 기회, 능력을 증진하려 든다. 출산 및 육아 휴가 제공이나 불임 진료 지원 같은 조치는 인생 서비스 초기 구독료를 낮추어주겠다는 제안처럼 들린다.

그러나 일단 가입하고 나면 초기 프로모션이 사라지고, 냉정한 현실이 다가오겠지. 초기에 가입비와 사용료를 받지 않던 서비스들도 어느 날 구독료를 청구하기 시작하지 않던가. 구독료는 늘어나기 일쑤고, 할인 쿠폰은 아주 가끔씩 발행된다.

연애나 결혼도 그렇지 않은가. 욕망, 기회, 능력이 모두 있을 때 연애와 결혼이라는 행위가 성립한다. 요즘 젊은이들이 연애와 결혼에 소극적이라는 말은 그 삼요소가 충분히 갖추어지지 않았다는 뜻이다. 연애와 결혼에 적극적일 만큼 시간도 없고 돈도 없고 욕망도 없다. 여기에 국가가 개입하는 데는 한계가 있다. 상대에게 매력을 느끼지 못하는데, 프러포즈 장소를 건설해준다고 프러포즈가 늘어날 것인가. 국가가 나서서 매력을 강화해줄 수 있을까. 매일 아침 공무원 코디네이터가 파견되어 얼굴을 씻겨주고, 소개팅 복장을 살펴줄 수도 없지 않은가. "이번 소개팅에서는 개량 한복 대신 청바지를 한번 입어보세요"라고 일일이 조언할 수도 없지 않은가.

이 모든 일을 해결하기 위해서는 결국 좋은 정치가 필요하다고? 양질의 정치 서비스를 제공할 양질의 정치인이 필요하다고?《미국의 민주주의》에서 토크빌은 저질 정치인들이 난무하는 원인으로 욕망, 기회, 능력을 거론했다. 일단 적임자를 선출할 기회가 드물다. 적임자는 진흙탕이 된 정치판에 뛰어들려고 하지 않을 것이기 때문에(물론 정치판에 들어가지 않는다고 그가 훌륭한 사람이라는 보장은 없다). 적임자는 사리사욕을 추구하지 않을 것이므로, 그가 정치판에 들어가서 얻을 것이라고는 피곤함뿐인지도 모른다. 그래서 적임자는 오히려 은거하는 경향이 있다.

그뿐인가. 좋은 정치인을 뽑고 싶은 욕망도 없다. 탁월한 사람을 보면 시기심이 끓어올라서 어떻게든 그의 흠을 잡고, 비방하고, 끌어내리고 싶어 한다. 그러다 보면, 결국 시기심을 느낄 필요조차 없는 범용한 인물이 정치계에 남게 된다. 그렇게 해서 선출된 정치인은 자기 능력에 넘치는 횡재(?)를 한 셈이 되니, 다시 오기 어려운 그 자리에 집착하게 된다. 그러니 오래 권세를 누릴 가능성이 있다.

그뿐인가. 좋은 정치인을 판별할 능력도 부족하다. 겉으로 드러난 후보 커리어가 좋아봐야 그것이 진정 그의 능력을 반영하는지 불확실하다. 연설 솜씨가 뛰어나보아야 과연 그가 충분한 행정 능력이 있는지 불확실하다. 그 개인은 훌륭할지 몰라도 일을 함께할 그의 추종자들이 부패한 이들인지도 모른다. 누가 좋은 정치인인지 판별하기 이처럼 어려우니, 그저 개인적인 인연이 있거나, 자신에게 편의를 제공한 적이 있거나 제공할 것 같은 사람을 뽑게 된다.

그런 사태를 피하기 위해서는 좋은 정치인을 기대하기 전에 유권자가 먼저 좋은 시민이 되어야 한다고? 말이 쉽다. 원래부터 완벽한 사람으로 태어났다면 모르되, 좋은 시민이 되기 위해서 역시 욕구, 기회, 능력이 필요하다. 21세기 한국인에게 좋은 시민이 되고 싶은 강렬한 욕망이 있는가, 적절한 기회가 있는가, 충분한 능력이 있는가.

지금과
다른 삶이
합리적이라
느껴질 때

한구이

개혁

'내게 돈이 좀 많았으면' 하는 생각이 들 때가 가끔 있다. 과하게 비싼 소고기를 볼 때 그렇다. 비싼 자료를 발견했을 때 그렇다. 누군가 딱한 처지에 놓였을 때 그렇다. 연구비 확보가 난망할 때 그렇다. 마음에 드는 그림을 발견했을 때 그렇다. 시나리오를 영화화하려 할 때 그렇다. 학생들과 답사를 하러 갈 때도 그렇다. 학생들과 답사를 떠날 때면, 어쩌면 이들과 함께하는 마지막 답사일지도 모른다는 상상을 한다. 그래서 가능하면 좋은 곳에 묵으며, 좋은 것을 경험하고, 좋은 이야기를 나누고 오고 싶다. 그러기 위해서 좀 더 풍부한 재원이 있으면 좋으련만. 재원이 풍부하면, 학생들 자력으로 가기 어려운 곳까지 다녀올 수 있지 않을까.

우주여행을 꿈꾸지 않는 한, 천문학적 액수의 답사비가 필요하지는 않을 것이다. 얼마간 여윳돈이 생긴다면, 꿈만 꾸던 이탈리아 답사를 떠나게 될지도 모른다. 그런데 정말 큰돈이 생긴다면? 그때는 어떻게 해야 하나. 일본 경제가 한창 호황일 때 배우이자 영화감독이었던 기타노 다케시는 돈을 너무 많이 번 나머지 이 돈을 다 쓰고나 죽을 수 있을까 겁이 덜컥 났다고 털어놓은 적이 있다. 로또에 당첨되면 자칫 패가망신한다고 하지 않나. 돈 버는 일만큼이나 돈 쓰는 일도 쉽지 않은 법. 세상의 재력가들은 돈을 잘 쓸 역량이 있는 것일까. 난 돈을 잘 쓸 역량이 있는 것일까.

호젓한 곳으로 답사를 가면 이런 쓸데없는 질문을 떠올리게 된다. 밤은 제법 깊었으나 잠자리에 들기는 싫고, 누군가 대화의 정적을 틈타 맥락 없이 질문을 던지는 거다. 어린 시절에 한 번쯤은 누군가에게 들어보았을, 엄마가 좋아, 아빠가 좋아 같은 질문들. 언젠가 학생들과 제주도 답사를 갔을 때 한 학생이 그런 질문을 내게 던진 적이 있다.

"선생님, 수백억, 수천조, 하여튼 엄청난 돈이 생긴다면 뭘 하실래요?"

"그런 일 안 생겨요."

"에이. 그냥 한번 생각해보세요. 선생님에게 개인이 쓰기 어려울 정도로 엄청난 돈이 생기면 뭘 하실래요?"

"사람들의 행동을 바람직한 방향으로 바꾸는 데 쓰겠어요."

이 무슨 당치 않은 발언이란 말인가. 사람들의 행동을 바꾸겠다니. 그것도 돈으로 바꾸겠다니. 당장의 현실에 안주하지 않는 사람들은 현실을 바꾸겠다는 꿈을 꾼다. 현실을 바꾸고 싶다는 것은 자신을 포함한 사람들의 행동을 바꾸고 싶다는 말이다. 개혁가들의 과제는 결국 사람들의 행동을 어떻게 바꿀 것인가의 문제로 수렴되곤 한다. 그 엄청난 일이 도대체 어떻게 가능하단 말인가.

그날 밤 내게 저 질문을 던진 학생은 춤의 달인으로 알려져 있다. 학부 시절 댄스 동아리에서 활동했을 뿐 아니라 한때 극단에서 경력을 쌓아볼까 진지하게 고민했을 정도다. 언젠가 종강 파티에서 멋진 춤사위를 보여주었다는 이야기를 전해 듣고, 그 학생에게 청한 적이 있다. 춤 한번 보여줄 수 있느냐고. 그러나 한마디로 거절당했다. 부끄러워서일까, 춤 실력이 녹슨 것일까, 아니면 선생은 관객의 자격이 없다고 생각한 것일까.

이유는 알 수 없지만, 본인이 싫다면 어쩔 도리 없다. 당연히 기대를 접어야 한다. 만약 어떤 이유에선가 기어이 그 학생의 춤을 보고 싶다면, 어떻게 해야 할까? 사람의 행동을 바꿀 방법은 강제, 계몽, 인센티브 중 하나다. 권력을 사용해서 특정 행동을 억지로 하게 만드는 것이 강제다. 의식화를 통해서 특정 행동을 하는 것이 바람직하다고 여기게끔 하는 것이 계몽이다. 특정 행동을 부추기는 자극을 제공하는 것이 인센티브다.

자, 그럼 춤추라고 그 학생을 강제해볼까. 그 학생에게 강제는 통하지 않는다. 좋은 말 할 때 나가서 춤추라고 위협한다고 해서 춤을 추겠는가. 웃기지 말라고 대꾸할 것이다. 설령 강제로 춤을 추게 한들, 그 춤이 볼만하지도 않을 것이다. 강제가 불가능하다면, 계몽을 시도해볼까. 사람들 앞에서 춤을 추는 것이 인간의 도리라고 설득해보는 거다. 댄스는 현대판 삼강오륜에 속한다고 가스라이팅을 해보는 거다. 그런 윤리적 계몽을 한다고 해서 춤을 추겠는가. 어설픈 계몽에 넘어가지 않을 만큼 그는 충분히 총명하다. 강제와 계몽이 불가능한 이상, 남은 방법은 인센티브뿐이다. 예컨대 춤을 추면 1억 원을 주겠다고 해보는 거다. 그러면 추기 싫은 춤도 추는 것이 합리적이라고 판단할 가능성이 높다. 까짓것 한 5분 춤 추고, 1억 원의 고액 출연료를 챙기는 거지 뭐. 이처럼 고액의 인센티브는 특정 행동을 하는 게 합리적이라고 여기게끔 만든다. 그 학생은 꽤 합리적인 사람이니까, 이 방법은 통할 가능성이 있다. 다만 내가 돈이 없어서 시도를 못 할 뿐.

강제든 계몽이든 인센티브든 어떤 조처에 대한 대응으로는 저항, 탈퇴, 감내가 있다. "나가서 춤을 추라고요? 웃기지 마세요." 이렇게 대응하는 것이 '저항'이다. "이런 터무니없는 요구를 하는 학교에 다닐 필요를 못 느끼겠군요. 자퇴합니다!" 이것이 '탈퇴'다. 정치이론가 앨버트 허쉬만이 말했듯이, 저항이나 탈퇴에는 큰 '비용'이 든다. 저항을 하면, 상대는 반격을 하려 들 것이기에. 탈퇴를 하면, 그간 투자한 시간과 노력과 돈을 잃게 될 것이기에. '손절'이 어디 쉬운가. 이런저런 고민 끝에 "에잇, 까짓 춤 한번 춰주고 말지"라고 결심하면 그것은 '감내'다.

한국 사회는 꾸준히 강제에 의존해왔다. 막대한 국민 세

금이 들어가는 형무소, 크고 작은 벌칙, 횡행했던 고문과 구
타는 모두 한국 사회를 유지하기 위해 동원해온 강제를 증명
한다. 강제에 의존한다는 것은 형벌과 같은 조치를 통해 사람
들의 행태를 개선할 수 있다고 전제하는 것이다. 과연 한국
사회에서 강제는 얼마나 성공했을까. 여전히 같은 종류의 범
죄가 빈발하는 것을 보면, 강제는 크게 성공한 것 같지 않다.
사람들은 여전히 강제를 꿈꾼다. "그런 ××들은 감옥에 처
넣어야 해!" 강제 프로젝트의 집행을 위한 비용은 비싸다. 계
속 법을 만들어야 하고, 감옥을 지어야 하고, 잡아들여야 하
며, 위협해야 하고, 위협이 공갈이 아님을 증명해야 한다.

　한국 사회는 꾸준히 계몽에 의존해왔다. 너도 나도 외쳐
왔다. 정신 차려! 머리에 힘줘! 운동권의 의식화 프로젝트는
한국 현대사의 대표적 계몽 프로젝트 중 하나다. 계몽에 의존
한다는 것은, 의식을 바꾸어서 사회를 개선할 수 있다고 전제
하는 것이다. 사람들이 무엇인가 깨치지 못해서 사회가 이 모
양 이 꼴이 되었다고 전제하는 것이다. 피계몽자에 대한 계몽
자의 도덕적 우위를 전제하는 것이다. 과연 한국 사회에서 이
러한 계몽은 얼마나 성공했을까. 사람들은 계몽당하기 싫어
한다. 계몽당한다는 것은 자기의식의 열악함을 인정하는 일
이니까. 그 와중에 계몽을 외쳤던 이들의 위선이 하나둘씩 드
러나기 시작한다.

한국 사회는 꾸준히 인센티브에 의존해왔다. 다양한 장려금, 보너스, 포상이 모두 인센티브다. 최근에도 인구 감소를 억지하기 위해서 수백조 원의 출산 장려 예산을 써왔다는 언론 보도가 있었다. 인센티브의 관점에 따르면, 오늘날 한국 사회는 사람들이 무엇인가를 심각하게 잘못하거나 무지몽매해서 도달한 결과가 아니다. 사람들이 이런 식으로 사는 게 (나름) 합리적이라고 생각한 결과, 오늘날 한국 사회가 출현했다. 한국 사회의 대표적 특징들, 이를테면 저출산, 부동산 투기, 입시 과열, 수도권 집중이 걱정인가? 그것들 역시 사람들이 잘못하거나 무지몽매해서 생긴 현상이 아니라 사람들의 (나름) 합리적 행동이 낳은 현상이다.

저출산, 부동산 투기, 입시 과열, 수도권 집중을 범죄처럼 여기는 이들은 사람들을 강제해서 그 현상을 불식하려 들 것이다. 각종 형벌을 입법화하고, 어기는 사람들을 감옥에 처넣을 것이다. 저출산, 부동산 투기, 입시 과열, 수도권 집중을 몽매하다고 여기는 이들은 사람들을 계몽해서 그 현상을 불식하려 들 것이다. 각종 도덕적 언설을 남발하며, 어기는 사람들에게 도덕적 낙인을 찍을 것이다. 아이를 안 낳겠다니, 그것은 인류를 저버리는 일이라고!

저출산이든, 부동산 투기든, 입시 과열이든, 수도권 집중이든, 그렇게 하는 것이 합리적이라고 다수가 느꼈기에 거대한 사회 현상이 되지 않았을까. 그렇게 사는 게 합리적이었기에, 그렇게 사는 한국인이 탄생했고, 그런 한국인이 다수가 되었을 때 그런 한국 사회가 출현하지 않았을까. 그렇다면 지금과 다르게 사는 게 합리적이라고 느껴질 때 비로소 미래의 한국인이 출현하고, 그런 한국인이 다수가 될 때 한국의 새로운 미래가 출현하겠지. 그렇다면 개혁가는 강제나 계몽보다는 합리성의 조건을 바꾸는 데 더 부심해야 하지 않을까. 내게 돈이 많다면, 강제나 계몽보다는 합리성을 재정의하는 데 쓰겠다. 지금과 달리 행동하는 게 합리적이라고 느껴지게끔 삶의 조건을 조정하는 데 쓰겠다. 그러나 내게 그럴 돈은 없다.

주어진
선택지에
갇히지
말기를
기원한다

한국의 선택지

"칼 슈미트는 정치의 본질을 적과 동지라는 범주를 가지고 정의했다. 그런 식으로 생각하는 것은 아이들 행동 패턴으로 퇴행하는 짓이다. 그런 사고방식 속에서는 상대를 좋아하거나 혹은 두려워하게 될 뿐이다. 적과 동지 관계로 선험적 퇴행을 해버리는 짓은 저들이 인간을 이해하는 근본적인 방식을 보여줄 뿐이다. 자유란 흑이냐 백이냐 사이에서 선택하는 것이 아니라, 그렇게 규정된 선택지 자체를 내팽개치는 것이다."(테오도어 W. 아도르노, 《미니마 모랄리아》에서)

오늘도 어디선가 당신의 의견을 묻는 이메일이 날아온다. "안녕하십니까? 저희 기관에서는 이런저런 일의 개선을 위해 설문조사를 실시하고 있습니다. 응답 예상 시간은 약 10분이며, 응답을 완료해주시는 100분께 추첨을 통해 기프티콘(4500원의 스타벅스 이용권, 중복 참여 불가)을 발송해드립니다. 바쁘시더라도 설문에 참여하여 귀중한 의견 주시면 대단히 감사하겠습니다." 자, 설문조사에 응해볼까. 취지가 좋지 않은가? 골치 아프던 사안을 개선해준다는데, 잠깐이면 된다는데? 10분이면 된다잖아. 게다가 기프티콘이 생길지도 모른다. 자, 해보는 거다.

나치의 박해를 피해 망명했던 유대계 독일 사상가 테오도어 아도르노는 부랴부랴 설문조사에 응하는 당신을 말릴 것이다. 당신의 정신적 자유는 주어진 설문지의 항목을 선택하는 게 아니라, 그렇게 주어진 선택지 자체를 내팽개치는 데 있다고 역설하면서. 그렇다면 여론조사 대상이 되었을 때 진정으로 해야 할 일은? 선택지 중에서 후다닥 골라야 하나? 그렇지 않다. 왜 하필 선택지를 이렇게 만들었을까라고 생각해보는 거다. 그 선택지 자체에 불순한 의도가 있거나 선택지들이 참을 수 없을 정도로 진부하면, 설문지를 태연하게 휴지통으로 보내버리는 거다.

이런 일은 선택지를 명시적으로 제시하는 설문조사에만 국한되지 않는다. 누군가 무지막지한 평가 권력을 휘두를 때 부지불식간에 그 평가의 선택지에 갇힐 수 있다. 누군가 다가와 이렇게 말하는 거다. "당신은 진짜 못생겼어요." 이때 발끈하며, 당신이 얼마나 잘생겼는지를 보여주려 노심초사하면, 당신은 이미 주어진 선택지에 갇힌 것이다. 차라리 역으로 질문을 되던지는 거다. "잘생겼다는 게 뭔데?" "사람을 잘생겼냐, 못생겼냐로 딱 나눌 수 있나?" "나는 잘생긴 날도 있고 못생긴 날도 있는데?" "미적 기준은 시대별로, 사회별로 바뀐다던데?" "누가 너에게 나를 평가해도 된다고 하던?"

이런 일은 개인을 넘어 집단의 차원에서도 일어난다. 현대적 한국 연구의 상당 부분은 식민지 시기 일본 학자들이 시작했다. 엄청난 시간과 에너지를 들여 기초 조사를 한 것까지야 좋다. 그런데 그 연구의 결과나 함의들이 종종 강렬하고도 특정한 가치 평가의 요소를 담고 있다는 것이 문제였다. 이를 테면, 조선은 후진적이고 정체된 사회였어, 조선은 자력으로 근대 사회가 될 수 없는 사회였어라고 결론을 내린 것이다. 누군가 다가와서 조선의 역사에 대해 무지막지한 평가 권력을 휘두른 것이다. "조선이여, 당신은 못생겼어요."

　그리하여 해방 이후 한국 역사를 공부한 이들은 그러한 불쾌한 평가에 반박하려고 부심했다. 전방위적으로 조선 역사에서 근대적 맹아를 찾으려는 노력이 경주되었다. 경제사 연구자는 자본주의 맹아를 찾으러 나섰고, 사회사 연구자는 신분 질서가 요동쳤음을 보여주고자 했고, 사상사 연구자는 조선 후기에 이른바 실학이라는 역동적인 조류가 있었음을 증명하고자 했다. 해방 이후 한국을 공부하는 이들의 '최고 관심사 가운데 하나는 근대 사회로의 이행 과정에 대한 규명이었다.'

　새 출발을 하는 한국인에게 자긍심을 고취하려고 했던 그들의 선구적인 노력은 눈물겹다. 이른바 근대화를 빨리 이루지 못한 나라는 식민화되고 말았던 근과거의 체험이 생생한데, 찬물을 뒤집어쓴 것 같은 끔찍한 열패감이 생생한데, 그 와중에서 떨쳐 일어나 조선이 정체된 역사가 아니었음을, 역동적인 역사였음을 보여주고자 분투했던 이들의 노력은 지금 보아도 숙연하게 만드는 점이 있다.

그다음 세대는 그 주어진 선택지에 더 이상 갇히지 말았어야 했다. "조선이여, 당신은 못생겼어요"라고 말하는 이들에 맞서 사료를 뒤지며 잘생긴 구석을 찾아내는 일에서 벗어나, 차라리 역으로 질문을 던졌어야 하지 않았을까. "잘생겼다는 게 뭔데?" "한 문명을 잘생겼냐 못생겼냐로 딱 나눌 수 있나?" "모든 문명은 잘생긴 구석도 있고 못생긴 구석도 있던데?" "미적 기준은 시대별로, 사회별로 바뀐다던데?" "누가 너에게 나를 평가해도 된다고 하던?" 아도르노 식으로 말하자면, 학문적 자유란 발전이냐 정체냐 사이에서 선택하는 것이 아니라, 근대냐 전근대냐 사이에서 선택하는 것이 아니라 그렇게 규정된 선택지 자체를 (필요하다면) 내팽개치는 것이다.

주어진 선택지를 내팽개치라니, 말이 쉽다. 규정된 선택지를 내팽개치고 나면 무엇이 남는가. 지금까지 정성들여 가꾸었다고 생각했던 역사는 새롭게 공부해야 할 불모지로 변한다. 이제 이 밭을 어떻게 다시 갈아야 하나. 모색은 이미 시작되었지만, 답은 아직 주어지지 않았다. 만족스러운 답을 찾아내지 않는 한, 대안적인 감수성이 등장하지 않는 한, 할 수 있는 일은 그다지 많지 않다. 새로운 이야기가 등장하기 전까지 계속 자료를 모으고 있거나 고도를 기다리듯 대안적인 이야기를 기다리거나. 고도를 기다리는 동안 학생들은 여전히 옛이야기를 배운다.

아도르노는 주어진 선택지나 이야기에 갇히지 않기 위해서는 자기편끼리 놀아나지 않아야 한다고 역설한다. 끼리끼리 모여 서로 '우쭈쭈' 해주다 보면, 자기와 다른 모든 의견은 "성가신 저항, 사보타주, 자기 밥그릇을 빼앗아갈 계략" 정도로 여겨지게 된다. 그 결과, "풍요로운 대조를 만들 능력, 모순을 감싸 안으면서 현재의 자신을 넘어설 능력"을 잃어버리게 되고 만다. 기득권을 수호하려는 패거리 의식은 심각한 자해행위다. 자기 심장에 박힌 치명적인 칼이다.

그것은
구성된
것이다

글·이준협

* 2023년 5월에 쓴 글입니다.

언론 보도에 따르면, 2023년 4월말 서울 도봉구는 청년 연령의 상한을 39세에서 45세로 상향 조정했다. 이보다 앞서 2023년 2월 목포시 시의회 역시 청년 연령 상한을 39세에서 45세로 상향 조정한 바 있다. 도봉구나 목포시는 왜 이런 일을 했을까. 다들 바쁠 텐데 왜 굳이 청년(의 범위)을 재정의하려 한 것일까. 심심해서? 그럴 리가.

이런 조치의 저변에는 현실적인 이해관계가 걸려 있다. 청년 연령을 상향함으로써 기존에 중장년으로 취급되던 사람들의 상당수가 청년으로 분류되게 된다. 따라서 해당 지자체 공무원들은 청년 인구 감소라는 당면한 사회적 문제를 해결한 셈이 된다. 지자체 공무원뿐 아니다. 지금껏 청년 융자 대상에도 포함되지 않던 이들이 이제 청년에 포함되어 융자 혜택을 받을 수 있게 된다. 그러면 모두에게 좋은 일일까. 꼭 그렇지 않을 수도 있다. 예산은 결국 한정 자원이다. 어떤 사업의 예산이 늘어나면 다른 사업의 예산은 줄어드는 경우가 많다.

이게 어디 청년 문제뿐이랴. 대표적인 성인 질환 중 하나인 고혈압도 마찬가지다. 2022년 대한고혈압학회는 고혈압 환자의 수축기 목표 혈압을 $140 mmHg$ 미만에서 $130 mmHg$ 미만으로 낮춘다고 발표한 바 있다. 이로 인해, 기존에 고혈압 환자가 아니던 사람도 느닷없이 고혈압 환자가 되어버렸다.

대한고혈압학회는 왜 이런 일을 했을까. 다들 바쁠 텐데 왜 굳이 고혈압(의 범위)을 재정의하려 한 것일까. 심심해서? 그럴 리가.

의도와 무관하게 이런 조치의 저변에는 현실적인 이해관계가 끼어들기 마련이다. 고혈압의 범위가 바뀜에 따라 전보다 많은 사람이 고혈압 환자로 탈바꿈하고, 그로 인해 더 많은 고혈압 환자들이 새로이 병원에 다니게 될 것이고, 고혈압약을 제조해서 파는 회사는 전보다 많은 수익을 얻게 될 가능성이 있다. 건강과 관련된 보험을 취급하는 회사들도 마찬가지다. 지병이 있는 것으로 판명된 사람은 건강 관련 보험 계약에서 다른 대우를 받게 될 것이다.

원시시대부터 유구하게 존재해온 느낌을 주는 '가족'이라는 것은 어떤가. 2021년 여성가족부는 4차 건강가족 기본 계획에서 법적 가족의 범주를 바꾸겠다는 의지를 천명했다. 보다 다양한 형태의 관계를 가족이라는 범주 안에 포괄하고자 한 것이다. 그러나 아직 이 논의는 큰 현실적 진전을 보지 못했다. 그러던 끝에 지난 4월, 혼인이나 혈연을 통해 맺어지지 않은 이들도 가족으로서 법적 권리를 인정하고자 하는 취지를 가진 "생활동반자법"이 국회에서 발의되었다.

이런 흐름의 저변에도 현실적 이해관계가 있다. 오랫동안 누구보다도 친밀하게 동거했으나 상속에서 배제될 뿐 아니라 장례를 치르는 과정에서 적극적인 역할을 할 수 없는 이들이 있다. 반면, 누구보다도 소원한 관계가 되었으나 어딘가에 혈연이 살아 있다는 이유 하나로 독거노인을 위한 복지 혜택을 누리지 못하고 힘들게 혼자 사는 노인도 있다. 사정이 어떻든 가족이 있는 게 좋은 거 아니냐고? 소피 루이스는 《가족을 폐지하라》는 도발적인 제목의 책에서 이렇게 말했다. "만약 당신이 '가족을 폐지하라'는 표현에 거의 반사적으로 '그렇지만 난 우리 가족을 사랑한다고' 같은 반응을 보이는 사람이라면 당신은 행운아라는 걸 알아둘 필요가 있다. 당신이 가족을 사랑한다니 참 다행이다. 하지만 모두가 그렇게 운이 좋은 것은 아니다. 그렇지 않겠는가."

생활동반자법에 반대하는 사람 중에, "아니 '피를 섞지 않았는데도' 가족이라고? 결혼하지 않았는데도 가족이라고?" 이렇게 반문할 이들이 있을 것이다. 그러나 역사적으로 볼 때 가족이라는 것은 얼마나 가변적인 존재였는가. 국가가 가난한 이들을 책임지지도 못하고 포기하지도 못할 때 가족의 범위를 확대함으로써 친족이 보다 많은 이의 복지를 떠안도록 시도한 역사가 있다. 그뿐이랴. '양자'라는 것은 혈연을 넘어선 가족을 상상할 수 있게 해준 얼마나 혁신적인 발명품이었던가.

이처럼 평소에 당연시되던 것들 대다수가 실은 인간이

정의한 것들, 즉 인간이 (부분적으로나마) 구성한 것들이다. 즉 꼭 당연하지만은 않은 것들이다. 영원하지는 않은 것들이다. 어디 고혈압이나 청년이나 가족 같은 것들뿐이겠는가. 남자라는 것도, 여자라는 것도, 민족이라는 것도 상당 부분 그렇다. 이른바 '좋은 대학', '성공한 인생' 같은 뻔한 사례야 더 말할 것도 없다. 그것은 특정 시공간을 사는 인간이 당시의 이해관계와 정당성을 고려해온 결과물이다.

그 모든 것들을 (부분적으로나마) 만들어왔다는 '인간'이라는 존재는 어떤가. 그것도 구성된 것인가? 1950년대에 주로 활약한 소설가 김성한의 단편소설 〈방황〉의 주인공 만식의 말을 들어보자. "배부른 작자들은 인간이라는 것을 창조해냈겠다. 그리하여 인간은 동물이라는 생물과 구별하였겠다. 자기네는 동물이 아니고 인간이라고. 잘났다고. 배는 부르고 할 일은 없으니 머릿속에서 갖은 요물을 조작해낸 것이다. 그리하여 인간이라는 요물 위에다가 가지각색 색동저고리를 입혔겠다. 도덕이다, 정의다, 의리다, 인간애다, 애국이다, 애족이다, 가치다……."

도덕, 정의, 의리, 애국, 인간……. 이 엄청난 것들이 결국 인간이 만든 것들이라니. 문제는 그 인간 현실의 상당 부분이 '색동저고리'에 어울리지 않게 더럽다는 사실이다. 그런 인간 현실에 환멸을 느낀 나머지 만식은 "요놈의 인간 연극을 뒤

집어엎어야겠다"고 결심한다. 그것들이 신이 부여한 본성이 아니라 한심한 필멸자인 인간이 만든 구성물에 지나지 않는 다면, 얼마든지 바꾸어버릴 수도 있다고 생각한 것이다.

그리하여 만식은 썩고 위선적인 사회에 도전하기 시작한다. 인간이 아니라 짐승처럼 행동한다. 기차역에 적재된 석탄을 멋대로 가져다 쓰고, 무전취식을 하고, 나쁜 사람을 보면 때리기도 하다가 결국 경찰서에 잡혀 온다. 형사가 취조를 시작하자 자신은 인간이 아니라고 주장한다. "넌 그래 인간이 아니야?" "생물이라니까." 지친 형사는 끝내 정신과 의사를 불러 검진을 받게 한 뒤, 만식을 인간 취급하여 훈방한다.

인간성이라는 것도 결국 인간이 정한 것이고, 그만큼 가변적인 것일 텐데. 만식은 인간 혹은 자신을 재정의하는 데 실패한 것이다. 모든 것이 가변적이라고 한들, 만사가 한 사람의 선언에 의해 바뀌지는 않는다. 어느 중년 남자가 집에서 거울을 보며, "나는 절세 미남이다!"라고 외친다고 해서 갑자기 미남이 될 수 있는 것은 아니다. 아무리 미남의 정의가 시대별로 다르고 사회마다 다르다고 할지라도. 그것이 사회적인 범주인 한, 동시대를 사는 이들의 명시적이거나 암묵적인 승인을 필요로 한다.

"어렸을 때 엄마가 나보고 미남이라고 그랬어" 정도의 승인은 미남이 되기에 너무 부족하다. 엄마의 승인을 바탕으로 해서 밖에 나가 미남 행세를 했다가는 차가운 조소를 받게 될 것이다. 그렇다고 엄마가 꼭 자식에게 거짓말을 한다는 것은 아니다. "아이고, 우리 아들은 미남이야"라고 말할 때 엄마는 진심일 수 있다. 추상화에서 느낄 수 있는 심오한 아름다움을 자식의 얼굴에서 실제로 느꼈을 수 있다. 다만, 그것은 주관적이라는 데 한계가 있다.

주관적이라니, 그러면 미남에 대한 객관적 지표 같은 것이 있단 말인가. 시대와 장소를 막론하고 통용되는 미남의 표준 같은 것은 아마도 없겠지. 그러나 당대의 상징적인 지표 같은 것은 있지 않을까. 레스토랑 복도를 지나다가 반대편에서 걸어오는 당대 최고의 미남 배우를 마주친 사람 이야기를 들은 적이 있다. 마주치는 순간 아름다운 발광체를 목격한다는 느낌이 번쩍 일었고, 곧 복도에 주저앉아 흐느끼고 있는 자신을 발견했다는 감동적인 이야기다. 왜 갑자기 이렇게 눈물이 흐르는 거지? 왜긴. 느닷없이 너무 아름다운 것을 보아서겠지. 이 정도 되면, 자타가 공인하는 객관적(?) 미남이라고 할 수 있지 않을까.

이미 사회적으로 시효가 다했다는 증거가 넘치는데도 여전히 그 이름이 사라지지 않고 있는 것들이 있다. 이미 도래한 지 충분한 시간이 흘렀으나 아직 제 이름을 얻지 못한 것들도 있다. 세상을 보다 견딜 만한 곳으로 만드는 일에는 이름이 필요한 것들에게 이름을 지어주고, 과거의 이름을 재정의하는 작업들도 포함된다. 여건이 성숙해갈 때 새로운 정의를 늦지 않게 내릴 수 있는 것도 그 사회의 역량이다. 어느 정도가 되면 성숙한 거냐고? 성숙 역시 구성된 것이다.

기적이란
무엇인가

한국의 기적

사람들은 기적을 바란다. 왜 아니겠는가. 이 삶에서 안식을 얻기가 어려운데, 어딘가 깊은 곳이 상처 입었는데, 그래도 할 수 있는 것은 거의 없는데, 그래도 포기할 수는 없는데, 왜 기적을 바라지 않겠는가. 그래서 가끔 '이성적인' 사람이 되기를 포기하고, 기적을 기다린다. 어느 날 불현듯 눈앞에 나타날 기적을 기다린다.

그러나 기적은 일어나지 않고 일상은 계속된다. 그토록 과학 기술이 발전한다는데, 한국이 선진국이 되었다는데, 어째 내 삶을 내 손으로 통제하기가 점점 어려워지는가. 삶도 '오마카세(お任せ, 먹을 메뉴를 요리사에게 일임하는 식사 방식)'가 유행인가. 세상이 주는 삶을 그대로 받아먹어야 하나. 나는 이 세상에 처음이자 마지막으로 다녀가는 건데, 이 세상의 단골은 아닌데, 이 세상 뜨내기손님에 불과한데, 이 세상이 내 구미를 알 리가 없는데, 이 세상은 자꾸 나 보고 주는 대로 먹으라고 한다.

스스로 통제하지 않는 삶은 남이 운전하는 자동차에 탄 것과는 사뭇 다르다. 자신이 신뢰하는 사람에게 운전대를 맡기고 비 내리는 창밖을 바라볼 수 있는 사람은 소수에 불과할 뿐. 자칭 엘리트들이 모여 자청해서 부패하는 사회에서, 자칭 엘리트들이 모여 자청해서 무책임해지는 사회에서 그 자칭 엘리트에게 안심하고 사회의 운전대를 맡기고 창밖을 바라

볼 수 있는 사람은 소수다. 사고가 나도 크게 다치지 않을 고급차를 사고 숙련된 운전기사를 고용할 수 있는 사람은 극소수일 뿐, 휠체어를 탄 사람이 공공 교통을 이용하기 위해 너무 큰 결심을 해야만 하는 사회가 여기에 있다.

자본주의 사회에서 자기 삶을 통제하려면 돈이 필요하다고 너도 나도 말하는데, 월급은 조금 오르고 삶의 비용은 많이 오른다. "쉬지 않고 벌어야 한다"라고 자신에게 속삭인다. 무엇을 하고 싶기에 돈을 버는 것이 아니다. 돈을 벌고 있지 않다는 불안에서 벗어나기 위해 돈을 벌어야 한다. 삶을 살아내기 위해서 삶의 순간들을 포기해야 하는 나날들이 이렇게 늘어난다. 삶과 돈을 교환하기도 지친 한국인에게 마침내 번아웃의 파도가 밀어닥친다. 그 파도 위에서 느긋이 서핑을 즐길 수 있는 사람은 많지 않다. 어떤 영양제를 더 먹어야 버틸 수 있을까, 고민하는 주말 아침이 밝는다.

번아웃에 시달리는 육신에게 영혼의 존엄은 좀처럼 깃들지 않는다. 좋은 사람이 되고자 하는 욕구는 시들고, 잘난 사람이 되고자 하는 욕구만 남는다. 잘난 사람이 되고자 하는 욕구도 시들고, 잘나 보이는 사람이 되고자 하는 욕구만 남는다. 잘난 사람이 되는 데 실패하면 분발하는 마음이 생기지만, 잘나 보이는 사람이 되는 데 실패하면 토라지는 마음이 생긴다. 왜 이리 잘난, 아니 잘나 보이는 나를 알아주지 않는 거지! 잘나 보이는 데 실패한 사람들은 오늘도 하염없이 토라져간다. 이제 고요함 속에서 자신의 존엄을 길어 올리는 일 대신, 남을 무분별하게 비난하면서 자기 존재의 존엄을 찾으려 드는 사회가 되어간다.

과로로 인한 번아웃의 공포가 드리운 사회에서는 돈으로 많은 것을 살 수 있다. 돈으로 편의를 사고, 돈으로 쾌감을 사고, 돈으로 학벌을 사고, 마침내 도덕을 금전으로 바꿀 수 있는 사회, 제정신을 금전으로 바꿀 수 있는 사회가 되어간다. 돈이 없을 때 굴러떨어질 어두운 골짜기를 상상하며, 두둑한 잔고를 자랑스레 인증하는 사회가 되어간다. 그 인증에 환호하는 사회가 되어간다. 그 환호로 자존심을 높이는 사회가 되어간다. 잔고를 늘리는 데 실패한 다수는 자신이 두어간 인생의 악수(惡手)들을 생각한다. 돌이켜보면, 악수로 가득한 바둑판이지만, 바둑판을 엎고 게임의 룰을 다시 만들 배짱은 없다.

두둑해진 잔고를 털어 그럴듯한 아파트를 사게 되더라도 마음은 여전히 존재의 자갈밭을 터벅터벅 걷는다. 존엄의 번지수를 잘못 찾아 경비원에게 '갑질'하는 사람이 우후죽순처럼 생겨난다. 그러나 그렇게 얻은 가짜 존엄에는 평화가 깃들지 않는다. 가질 만큼 가진 사람에게도 평화는 없다. 아파트 가격이 내려가면, 모든 것이 헛일이 되고, 그 소중한(?) 갑질도 이제 못하게 되니까. 그래서 추모할 수 없다. 갑질을 못 이겨 경비원이 자살해도 아파트 가격이 내려갈까 봐 그 경비원을 추모할 수 없다. 추모 현수막을 걷어버려라! 누군가를 착취하지 않고는 견딜 수 없는 사람들이 늘어나기 시작한다. 놀라울 정도로 자식새끼 사랑(?)은 여전히 강고하다. 자기 자식에게 험한 일을 면제해주려고 외국인 노동자를 인권의 사각지대에 몰아넣는 사회가 되어간다.

인간은 자유를 추구해야 한다고 믿었기에, 자신을 통제하는 데 실패할 때마다 수치심이 밀려든다. 영혼의 번아웃처럼 밀려든다. 분발할 체력이 고갈된 영혼은 이제 울고 싶다. 그러나 다 큰 어른은 함부로 울지 않는 법, 사회에서 허용한 울 곳을 찾아 헤맨다. 장례식장에 가면, 자신의 수치심까지 담아 남들보다 더 크게 우는 사람이 있고, 대낮의 성당에 가면 어두운 구석에서 남들보다 더 깊이 흐느끼고 있는 사람이 있다.

이 모든 것이 싫어진 사람들이 있다. 어쨌거나 아이를 낳고 밝은 표정으로 살아가라고 정부가 채근하기에, 더 깊이 이 모든 것이 싫어져버린 사람들이 있다. 삶에 대한 통제력을 잃는 것도 싫고, 그렇다고 남을 착취하기도 싫고, 그렇다고 남에게 폐를 끼치기도 싫고, 남과 아귀다툼을 하기는 더 싫은 사람들이 있다. 주변 사람을 실망시키기는 싫은데, 주변 사람을 다 만족시킬 수도 없다는 것을 깨달은 사람들이 있다. 삶을 개선할 방안은 시야에 보이지 않는데, 살아야 할 나날들은 눈앞에 엄연히 있다.

그래도, 다시 한번! 얼룩말처럼 용기를 내어 성실한 앞발을 세상으로 다시 내딛어 보이지만, 이 우주는 대체로 인간에게 무심하다. 가까스로 용기를 낸 사람이 사랑하는 이의 부고에 갑자기 접하게 만드는 것이 이 우주다. 아직 할 일이 많이 남아 있는 이가 "정밀검진을 받아보셔야겠는데요"라는 진단을 듣게 만드는 것이 이 무심한 우주다. 소중한 사람에게 결국 상처를 주게끔 방치하는 것이 이 무심한 우주다.

이래도 기적을 믿고 싶지 않을 수 있을까. 기적을 믿는다고 하면, 머리통이 큰 사람들이 비웃을지도 모른다. 기적을 믿는다니, 그건 너무 비이성적인 일이군. 기적은 인민의 아편이지, 에헴. 그러나 삶이 이래도 기적을 믿고 싶지 않을 수 있을까. 누군가가 한국에만 수십 명이라는 자칭 구세주를 믿는다고 할 때 생각한다. 그들이 기적을 애타게 바라게끔 했던 생의 조건에 대해서. 그리고 나도 기적을 바란다. 매일매일 살아 있는 게 기적이니까. 최상위권 자살률을 가진 사회에서 매일매일 살아 있는 게 기적이니까.

그리고 가끔 기적 같은 일이 실제로 일어난다고 생각한다. 이를테면 이런 거다. 어느 날 얼룩말이 예고도 없이 서울

대공원을 탈출하는 거다. 거리를 한동안 우두두두 누비는 거다. 골목길에 들어선 배달 오토바이 청년이 초현실적으로 얼룩말과 마주치는 거다. 바로 그 순간 경기도 북부, 누군가가 문득 참지 못하고 집을 탈출(?)하는 거다. 두 시간 동안 차를 타고 수원의 강연장까지 북토크를 들으러 우두두두 오는 거다. 다행히 저자는 그날도 기적처럼 살아 있는 거다. 교통 체증에도 불구하고 강연은 제시간에 시작되는 거다.

대부분의 기대는 실망으로 끝나는 법. 그러나 우주는 어쩌다 한 번씩 저자와 독자 사이에 공감의 기적을 허락한다. 하필 그날, 인간 대 인간의 공감이라는 그 드문 기적이 예상치 못하게 일어나는 거다. 그리고 그 공감이 육화(肉化)하는 거다. 강연이 끝나자 다른 누군가가 수줍게 정성 들여 쓴 손편지를 건네는 거다. 또 다른 누군가가 옆에서 다가와서 나직한 목소리로 안부를 전하고 홀연히 자리를 뜨는 거다. 보통 엄마가 만사 귀찮은 딸을 억지로 데리고 강연장에 오는 법. 그러나 앞줄의 여고생은 자기가 엄마를 강연장에 끌고 왔다고 자랑하는 거다.

이 모든 기적을 목도한 강연자가 이제 서울행 버스를 기다리기 위해 봄치고는 쌀쌀한 버스 정류장에 서 있다. 기적은 아직 끝나지 않았다. 아주머니 한 명과 소년 한 명이 주춤거리며 주변을 맴도는 거다. 부끄러움을 너무 타서 얼굴도 못

드는 남중생을 데리고 엄마가 버스 정류장까지 왔던 거다. 얘가 선생님께 보여드리고 싶은 게 있대요라며 그림으로 가득한 공책을 내미는 거다. 펼쳐진 공책 페이지 페이지마다 자신이 직접 그린 옛 철학자들의 초상이 가득한 거다. 수많은 그림마다 어린 얼룩말 같은 제목들이 낭자한 거다. "미친 소크라테스, 디오게네스." 이 그림들, 사진 찍어도 되니? 힘차게 고개를 끄덕거리고 다시 얼굴을 숙이는 소년이 수원 밤거리 버스 정류장에 서 있는 거다. 마침내 서울행 버스가 도착한다. 이 모든 일들이 다 현실이었다고 되새기는 버스 안, 그곳에 기적을 믿는 사람이 한 명 앉아 있다.

〈그랜 토리노〉를 권한다

한국의 보수

이른바 보수 우익에게도 뭔가 정신이라고 할 만한 게 필요하지 않겠나. 정신줄을 놓지 않으려면 정신이 필요하지 않겠나. 반공이나 시장 숭배나 권위주의 이상의 어떤 정신이 필요하지 않겠나. 진보 좌익이 경박한 패스트푸드에 불과하다고 비판하려면, 그 스스로 진국 같은 소울푸드가 되어야 하지 않겠나. 소울이 없는데 어떻게 소울푸드가 될 수 있겠나. 도대체 어떻게 보수 우익의 소울 혹은 정신을 가져야 할지 모르겠다고? 보수적 영화인으로 유명한 클린트 이스트우드의 영화 〈그랜 토리노〉부터 시작하는 건 어떤가. 이 한 편의 영화를 보고, 정신줄 붙잡을 수 있기를.

영화가 시작하면 디트로이트 교외 쇠락한 마을에 누군가 서 있다. 월트라는 보수 우익 백인이 서 있다. 한국전쟁 참전 용사이자 포드 자동차에서 차를 조립했던, 인간이 지켜야 할 예의와 가치를 굳게 믿는, 그러나 인종적 편견도 가진 노인이 서 있다. 다름 아닌 사랑하는 아내의 장례식장에 서 있다. 영화가 끝날 무렵이면 이 사내는 자기 자신의 장례식장에 누워 있게 될 것이다. 이처럼 〈그랜 토리노〉는 장례식에서 시작해서 장례식으로 끝나는 영화다. 아내가 세상을 떠난 뒤 남겨진 남자가 자기 죽을 자리를 찾는 영화다. 죽을 자리를 찾는다는 것은 인생을 정리한다는 뜻이다. 인생을 정리한다는 것은 유산을 남겨줄 상대를 정한다는 뜻이다.

그렇다. 월트에게도 남겨줄 소중한 가치와 자산이 있다. 보수 우익에게 허무는 그다지 어울리지 않는다. 보수 우익은 자신의 가치 지향에 관해 좀처럼 흔들리지 않는다. 죽으면 다 끝이라고 생각하는 대신, 소중한 것을 남겨 공동체에게 전하려는 게 보수 우익이다. 보수 우익에게 많은 경우 그것은 그 나라의 정체성을 결정짓는 가치다. 월트 역시 자신이 믿는 미국의 가치를 후대에게 전해주고 싶다. 그 가치는 그가 직접 생산 라인에서 조립한 빈티지 카, 그랜 토리노라는 자동차가 상징한다. 오래되었으나 여전히 품위 있고 아름다운 자국산 차.

멋진 빈티지 카를 여전히 가지고 있다는 것은 한때 아름다운 것이 존재했음을 뜻할 뿐 아니라 그 아름다움을 줄곧 잘 간수했다는 뜻이다. 실로 월트는 유지 보수의 달인이다. 자기 집과 이웃집을 가리지 않고 무엇인가를 끊임없이 고치고 수선해서 좋은 컨디션을 유지하게 한다. 우리 몸에 완전한 컨디션이 없고 우리 집에 고장 없는 날이 드물듯이, 이 세상은 늘 어딘가 낡아가고 삐걱거린다. 보수 우익은 파괴하거나 새로 짓는 사람이 아니라 쉼 없이 수선하는 사람이다.

아내가 세상을 떠난 지 얼마 되지 않아 자신도 중병에 걸렸음을 월트는 깨닫는다. 자, 이 멋진 유산을 누구에게 남겨주어야 하나. 일제 차를 팔고 다니는 저 차가운 아들에게?

평생 아껴온 집을 버리고 실버타운에 들어가라는 며느리에게? 할머니 시신 앞에서 욕설을 내뱉는 손자에게? 빈티지 카와 고급 가구에만 눈독을 들이는 손녀에게?

아시아의 소수민족인 몽족이 이웃으로 이사 온다. 미국의 자동차 산업이 몰락하자 디트로이트 주변도 가난해졌고 진입 장벽이 낮아진 그 지역에 이민자들이 들어와 살기 시작한 것이다. 그리고 깡패들이 설치기 시작한다. 이사 온 몽족의 내성적인 소년 타오는 깡패들의 강권으로 인해 월트의 그랜 토리노를 훔치려다 실패한다. 타오가 예의를 갖추어 진심으로 사과하고 이웃을 돕는 따뜻한 성정을 드러내자 월트는 타오를 용서하고 가르치고 직장을 알선하고 데이트 조언을 한다. 말투와 몸짓과 태도와 기세를 가르친다. 속죄하고 싶다면 건너편 폐가를 고쳐보라고 권한다. 이리하여 월트는 타오의 아버지이자 친구 같은 존재가 된다. 그러한 월트로 인해 타오가 자기 패거리에 들어오지 않게 되자 깡패들은 타오를 증오한다. 한밤에 총격을 가하는 일에 그치지 않고, 기어이 타오의 누나를 강간 폭행하는 데까지 이른다. 격분한 타오는 당장 총을 들고 가서 다 죽여버리겠다고 날뛴다.

자, 이제 어떻게 해야 하나. 어쩌면 타오네 가족은 끝내 이 깡패들의 마수에서 벗어나지 못할지 모른다. 타오가 날뛰면 타오 본인이 범죄자가 될 것이다. 경찰에 신고하면 되지 않느냐고? 공권력은 늘 한 발 늦다. 공권력이 출동하는 사이에 누군가 총에 맞고 폭행을 당한다. 보복이 두려운 몽족은 증언을 피하고 침묵한다. 자경단 마인드를 가진 월트 역시 공권력을 크게 신뢰하지 않는다. 보수 우익은 원래 국가의 치안력이 그렇게 확대되는 것을 반기지 않는 경향이 있다. 이 사건도 결국 당사자가 해결해야 한다. 월트는 날뛰는 타오를 타이른다. 침착해라. 이런 일은 내가 전문가다. 흥분해서는 안 되고, 그들의 예상대로 움직여서는 안 되고, 계획을 잘 세워야 한다.

정의와 예의가 없는 이 각박한 세상에서 월트는 죽기 전에 무엇인가 해야 한다. 그는 마당의 잔디를 깔끔하게 깎고, 좋아하는 담배를 피우고, 따뜻한 욕조 목욕을 하고, 새 양복을 맞추어 입고, 아끼던 개를 이웃에 맡기고, 머리를 깨끗이 다듬고, 평소보다 팁을 넉넉히 주고, 어리다고 무시했던 신부를 찾아가 고해성사를 한다. 다른 여자와의 키스, 소소한 탈세, 그리고 자식들과 소원했던 일들을 고해한다. 그러나 평생 그를 괴롭혔던 기억은 따로 있다. 항복하려던 소년병의 얼굴을 쏘아 은성훈장을 탔던 일. 그런 더러운 일을 타오가 반복하게 하고 싶지 않다. 타오를 집에 가두어두고, 홀로 깡패들의 소굴로 향한다.

전장에서 살인을 저질렀기에 평생 죄의식에 시달렸던

월트는 또다시 살인을 저지를 것인가. 깡패들의 집 앞에서 그는 큰소리로 깡패들을 모욕한다. 야, 이 ×××들아! 그 소리를 들은 이웃사람들이 모두 나와서 볼 수 있도록. 화가 난 깡패들을 바라보며 월트는 인생 마지막 담배를 입에 물고 말한다. "불 있냐." "……." "난 있지." 그리고 마치 총을 꺼내는 척 라이터를 꺼낸다. 월트가 총을 꺼내는 줄로 착각한 깡패들은 집단으로 발포하고, 총을 맞은 월트는 그 자리에서 즉사한다. 많은 사람이 목격했고 월트는 총조차 갖고 있지 않았기에, 이 깡패들은 아주 오래도록 교도소에 갇힐 것이다. 타오네 가족은 평화를 찾을 것이다.

이리하여 〈그랜 토리노〉는 어떤 자살에 대한 영화이기도 하다. 스스로 총알받이가 됨으로써 월트는 타오네 가족을 구하고 깡패들을 벌했음은 물론, 자기 자신을 벌하는 데도 성공했다. 월트 그 자신이 바로 국가 폭력의 일부였으며 그로 인해 은성무공훈장을 타기까지 했으나, 평생 죄책감으로부터 자유로울 수 없었다. 삶과 죽음에 대해 강론하는 풋내기 신부에게 월트는 일갈한 적이 있다. "풋내기가 감히 노인에게 영생을 약속하다니! 신학교에서 외운 내용으로 삶과 죽음을 운운하다니! 죽음은 쓰고 구원은 달다니! 난 한국전쟁에서 17세 소년도 쳐죽여봤고, 안고 살아야 할 끔찍한 기억이 있어. 삶과 죽음에 대해 뭘 안다고." 그는 과거를 미화하는 보수 우익이 아니라 과거로 인해 고통받는 보수 우익이다. 국가 폭력을 용인하는 보수 우익이 아니라 국가 폭력으로 괴로워하는 보수 우익이다. "정말 따라다니며 괴로운 건 명령받아 한 일이 아닐세." 그래서 그는 자기 자신을 벌하고 소중한 유산만 후대에게 남겨주기로 마음먹는다.

과연 누구에게? 혈육에게? 간병인에게? 백인에게? 아니다. 다름 아닌 그랜 토리노를 훔치려던 몽족 소년에게. "콩가루 가족보다 동양인과 더 통하는 게 많군." 그는 인종적 편견을 가진 노인이었으나 그 편견을 넘어 이민족에게서 참된 우정을 발견한다. 동세대가 아닌 뒷세대의 어린 소년에게서 진정한 우정을 발견한다. 품위 없는 낙서를 차에다 하지 않는다는 조건으로, 그 아름다운 그랜 토리노를 타오에게 물려준다. 소년 타오는 월트가 알선한 직장에서 주중에 돈을 벌고, 주말이 되면 그랜 토리노를 타고 데이트를 할 것이다. 사랑하는 사람을 만나, 어쩌면 결혼도 하고, 어쩌면 자식도 낳을 것이다. 월트가 겪었던 생로병사를 그 세대 나름의 방식으로 겪어갈 것이다. 그리고 그도 노쇠하면 자신만의 그랜 토리노를 그 다음 세대의 타오에게 물려줄 것이다. 그것이 바로 보수 우익 월트가 생각했던 삶과 죽음이다.

뜬금없는 계엄 시도를 통해 공동체의 밥상을 엎은 지금, 한국의 보수 우익에게도 마침내 자살의 기회가 왔다. 어떤 마

무리를 할 것인가. 국가 폭력의 기억을 가진 한국의 보수 우익은 과연 월트처럼 핏줄을 넘어, 인종 편견을 넘어, 구식 남성성을 넘어 자신의 후계를 찾을 수 있을까. 반공과 시장에 대한 집착을 넘어 월트처럼 세대를 넘는 가치를 발견하고 전해줄 수 있을까. 그 가치를 수호하기 위해 자신을 버릴 수 있을까. 중병에 걸린 자신을 버림으로써 공동체를 재건할 수 있을까.

공동체의
생멸을
생각한다

한울
김두
희

자세 교정 전문가가 나에게 이렇게 말한 적이 있다. "선생님이 누워 있는 건 누워 있는 상태라고 할 수 없어요. 그건 누워 있는 게 아니라 몸을 널어놓은 거예요." 제대로 눕는 자세는 힘을 뺄 대로 빼서 온몸을 내팽개쳐버리는 상태가 아니라는 거였다. 그렇군. 나는 침대에 널브러져 있기를 좋아할 뿐 누워 있기를 좋아하는 건 아니었군. 하긴, 눈 감는다고 다 자는 게 아니고, 입에 넣는다고 다 먹는 게 아니고, 말한다고 다 대화가 아니고, 비난이 곧 비판인 것도 아니고, 아첨이 곧 존경인 것도 아니고, 산다고 다 사는 게 아니고, 죽는다고 다 죽는 게 아니겠지.

'산다'는 건 무엇인가. 숨을 쉬고 있으면 다 사는 것인가. 어디까지가 살아 있는 상태인가. 과학자들 사이에서도 논란이 많다. 심장이 뛰고 있으면 사는 것인가. 뇌가 작동하면 사는 것인가. 생존하고 있으면 사는 것인가. 점점 더 많은 사람이 연명치료를 거부하고 있지 않은가. 많은 사람이 열악한 요양 시설에서 누워 죽기를 두려워하지 않는가. 이들은 생명을 경시하는 게 아니다. 한갓 생존에 불과한 삶을 두려워하는 것이다. 살면서 다들 한 번씩은 중얼거려보았을 "사는 게 사는 게 아니다", "사는 것처럼 살고 싶다"라는 말들에서 인간은 단순한 생명 유지 이상을 바란다는 것을 알 수 있다. 고깃덩이 이상의 삶, 의지대로 사는 삶, 보람 있는 삶, 충만한 삶, 그리하여 살 만한 삶을 원한다.

'죽는다'는 건 무엇인가. 숨을 쉬지 않으면 다 죽는 것인가. 어디부터가 죽은 상태인가. 과학자들 사이에서도 논란이 많다. 심장이 멈추면 죽은 것인가. 뇌가 작동을 멈추면 죽은 것인가. 생체 반응만이 죽음을 결정하는가. 아무것도 할 수 없는데 심장만 뛰고 있으면 그것은 정녕 죽은 게 아닌가. 누군가는 멀쩡히 살아 있는데도 죽은 것과 다름없다는 판정을 받기도 한다. 그의 '정치 생명'은 죽었다는 판정을 받기도 한다. 아직도 아름다운 어떤 이는 자신의 젊고 아름답던 사진을 보여주며 쓸쓸하게 말했다. "이 사람은 죽었어요."

어차피 한 번 사는 인생인 건가? 꼭 그런 것도 아니다. 생명 복제 기술을 통해 거듭 살아갈 수 있다고 믿는 사람도 있다. 자기 육신은 죽어도 자기 유전자는 자식을 통해 계속 살아간다고 믿는 사람도 있다. 개체로서 죽지만 그것은 인간이라는 종(種)의 영속을 위해 필요한 일이라고 생각하는 사람도 있다. 육신은 죽었지만 정신은 살아 있다고 외치는 사람도 있다. 육신은 살아 있지만 영혼은 죽었다고 믿는 사람도 있다. 셰익스피어는 〈줄리어스 시저〉에서 말한다. "겁쟁이는 여러 번 죽지만, 용기 있는 사람은 단 한 번 죽는다." 비굴해질 때 죽는다. 신조를 꺾을 때 죽는다. 정체성을 배반할 때 죽는다. 인간 이하의 짓을 저지를 때 죽는다. 영혼은 시시각각으로 죽는다. 웹툰 〈겨울의 글쓰기〉에서 주인공은 나직하게 중얼거린다. "죽지 않아도 죽은 것처럼 사는 사람들도 있어. 삶은 죽음 이외의 방식으로도 끝장날 수 있거든."

그렇다. 죽음 이외의 방식으로도 삶이 끝장나는 경우가 있다. 지켜온 가치가 사라졌을 때, 그리하여 그가 더 이상 '그'가 아닐 때 사람들은 말한다, 내가 아는 그는 죽었다고. 자신이 지켜온 가치를 버리고자 할 때 자신을 믿어주던 이들에게 말할 수 있다. "당신이 아는 아무개는 죽었습니다." 누군가 태연히 당신의 죽음을 선언하기도 한다. "내가 아는 아무개는 이제 이 세상에 없어요"라며 애인이 당신을 떠난다.

이것이 어디 인간만의 일이겠는가. 조직이나 공동체에 대해서도 생멸을 말할 수 있다. 이름만 학교일 뿐 우리가 알던 그 학교이기를 멈추었을 때 말할 수 있다. "당신이 아는 그 학교는 죽었습니다." 사람과 사람이 만나 변화와 성장을 도모하던 곳이 그저 졸업장을 주고받는 곳, 돈만 소비하는 곳, 소외를 일삼는 곳, 혐오를 일삼는 곳, 존재를 부정하는 곳, 장소 아닌 '비(非)장소'가 되었을 때 우리는 그것을 여전히 학교라고 부를 수 있을까. 아무리 돈이 넘쳐나고 경쟁률이 높아도 그곳을 살아 있는 학교라고 부를 수 있을까. "당신이 알던 학교는 이미 죽었습니다."

이것이 어디 학교만의 일이겠는가. 나라에 대해서도 죽

음을 말할 수 있다. 이름만 나라일 뿐, 사람들의 인권이 보장되지 않는 곳, 비참이 창궐하는 곳, 장애인을 무시하는 곳, 동료 시민을 악마화하는 곳, 사람이 사람 취급을 하지 않는 곳. 나라의 탈을 썼을 뿐 나라 같지 않을 때 우리는 그것을 여전히 나라라고 부를 수 있을까. 아무리 경제성장을 하고 주가가 올라도 그곳을 살 만한 나라 혹은 살아 있는 나라라고 부를 수 있을까. "당신이 알던 나라는 이미 죽었습니다."

압도적인 군사력을 가진 '오랑캐'가 조선을 침략했을 때 척화(斥和) 논쟁이 벌어졌다. 충신이 읍소한다. 폐하, 저토록 강한 오랑캐에게 저항하다가는 나라가 망해 없어질 것입니다! 다른 충신이 읍소한다. 오랑캐에게 투항하는 것이야말로 나라가 망하는 일입니다! 상국(上國)으로 모시던 명나라를 버리고 오랑캐를 받드는 일이야말로 나라가 망하는 길입니다. 이렇게 말했던 이는 조선이 물리적 승패를 떠나 지켜야 할 목적이 있는 공동체라고 믿었던 것이다. 물리적 생존이 위협받는 시점에 그들은 딜레마에 봉착한다. 영혼을 죽이고 물리적 생존을 택할 것인가, 아니면 물리적으로 죽더라도 영혼을 살릴 것인가.

죽더라도 영혼을 살리겠다니, 그 무슨 사치스러운 말인가. 그러나 영혼이 살아 있어야 부활을 꿈꿀 수 있다고 본 사람들도 있다. 그래야 죽어도 죽지 않을 수 있다고, 망해도 망하지 않을 수 있다고 믿었던 이들이 있다. 독립운동가 한용운은 노래한다. "아아, 님은 갔지마는 나는 님을 보내지 아니하였습니다." 독립운동가 신규식은 1912년 한 연설에서 이렇게 말한다. "마음의 죽음보다 더 큰 슬픈 것은 없다. 망국(亡國)의 원인은 마음이 죽은 데 있다. (…) 우리 마음이 곧 대한의 혼이다. 모두 함께 대한의 혼을 보배로 삼아 소멸되지 않게 해야 한다. 각자 마음을 구해 죽지 않도록 해야 한다."

신규식에 따르면, 진정한 죽음은 물리적인 죽음이 아니라 마음의 죽음이다. 마음을 잃어버린 자, 그는 과연 살아 있는 건가. 추구하던 가치를 잃어버린 자, 그는 과연 살아 있는 건가. 그런 사람은 초인이거나 짐승일 것이다. 기억을 잃어버린 자, 그는 살아 있는 건가. 과거의 기억을 모두 잃은 사람은 살아 있어도 과거의 '그'가 살아 있는 것은 아닐 것이다. 과거가 지워진 사람이 어떻게 같은 사람이겠는가. 정치공동체도 마찬가지다. 수호할 만한 공적 가치를 잃어버린 공동체, 문명의 기록이 다 사라진 공동체가 어떻게 살아 있을 수 있겠는가. 알렉산드리아 도서관 수장고가 파괴될 때 시인 팔라다스는 이렇게 노래했다. "삶은 그저 꿈. 우리가 목숨을 부지해도 우리가 수호해온 삶의 방식은 죽어버리겠지."

21세기 한국은 살아 있는가, 죽어 있는가. 신규식이 다시 살아온다면 깜짝 놀랄 정도로 한국은 살아 있다. 그냥 살아 있는 정도가 아니라 아주 잘 살아 있다. 한때 이곳을 식민지로 삼았던 일본에 뒤지지 않을 정도로 경제가 발전했다. 21세기 초는 한국이 역사상 가장 '잘살게' 된 시대다. 그뿐이랴. 한국 문화가 역사상 가장 빨리 그리고 널리 퍼져나간 시대다. 세계 곳곳에서 많은 젊은이들이 한국어를 제2 외국어로 배우겠다고 선택하는 시대다.

동시에 한국이 죽어가는 시대이기도 하다. 과감하게 선진국을 선언하는 바로 그 시대에 파국의 서사들이 함께한다. 인구가 빠르게 줄고 있다. 전 세계에서 유례없을 정도로 인구가 빠르게 줄고 있다. 인구 감소를 막고자 하는 정책은 모두 실패하고 있다. 인구가 급격히 줄어드는 나라의 경제가 성장한다는 말은 들어본 적이 없다. 인구가 줄어드는 나라에서는 학교도 줄이어 문을 닫게 될 것이다. 이것이 어디 국내 사정뿐이랴. 지구의 기후 위기가 임계점을 돌파했다. 그러나 일부 사람들은 아직도 냄비 속에서 천천히 삶아지는 개구리처럼 말하곤 한다. 점점 따뜻해지는군.

그렇다면 한국은 기후 위기로 인해 바다에 잠기거나 인구 감소로 지구상에서 사라지게 될 거란 말인가. 꼭 그렇지는 않다. 파국의 아이러니는 파국이 예상치 못한 방식으로 온다는 데 있다. 아포칼립스 장르물에서 파국이 채 이르기도 전에 사람들은 앞 다투어 먼저 죽는다. 파국을 예감하면 사람들은 공포에 질리기 시작하고, 공포에 질린 사람들은 인간성을 버리기 시작한다. 인간보다 인간성이 먼저 죽는다. 친절을 버리고, 위선을 버리고, 염치를 버리고, 돌봄을 버리고, 연민을 버리고, 관용을 버리고, 예의를 버리고, 인권을 버리고, 끝내 지켜야 할 가치들을 쓰레기처럼 버린다. 바로 그렇게 삶은 죽음 이외의 방식으로도 끝장날 수 있다.

고통을
사랑하십니까

유달리 피부가 고와서(?)일까. 나는 뜨거운 것을 만지는 일에 취약하다. 남들은 잘도 쥐는 뜨거운 냄비도 내게는 불덩어리처럼 느껴진다. 그래서 라면을 끓일 때도 진지한 소방관의 자세가 된다. 이런 나에게 김동리의 소설 〈등신불〉은 충격이었다. 중고교 시절 국어 교과서에 실린 작품들은 대부분 별다른 인상을 남기지 않았지만, 〈등신불〉만큼은 그렇지 않았다.

〈등신불〉의 주인공은 일제강점기에 학병으로 끌려가 전쟁의 소용돌이에 휘말리지만, 가까스로 탈출해서 정원사(淨願寺)라는 절에 숨는다. 그리고 그곳에서 사람 크기의 금불상을 접하게 되는데, 그 금불상이 원래 다름 아닌 사람 시체였던 것을 알고 소스라치게 된다. 만적 스님이란 분이 스스로 불길 속에 앉아 있음으로써(소신공양燒身供養) 이 세상을 떠났고, 그 불탄 몸에 그대로 금물을 부어서 만든 불상이 바로 정원사 금불상이었던 것이다.

소설 〈등신불〉은 만적 스님이 왜 소신공양을 하게 되었는지, 소신공양 이후에 어떤 일이 일어났는지, 주인공은 어떤 감상에 휩싸이게 되는지에 대해 부연하고 있지만, 내 어린 마음에 충격이었던 것은 그러한 등신불이 가능하다는 사실 자체였다. 너무 뜨겁지 않을까. 달아오른 라면 냄비에 비할 수 없는 그 엄청난 뜨거움을 어떻게 견딘단 말인가. 인생이 고통이라는데 왜 그처럼 지독한 고통을 자청한단 말인가. 소신공양을 통한 등신불이란 거짓말이 아닐까.

그러나 자기 몸을 스스로 태우는 소신공양은 실제로 존재했다. 1963년 6월 11일 베트남의 틱꽝득 스님이 응오딘지엠 독재 정권에 저항하는 취지에서 소신공양을 감행한 일은 제법 널리 알려져 있다. 저항 정신을 앞세운 미국의 밴드 '레이지 어게인스트 더 머신'이 1집 앨범 커버에 틱꽝득 스님의 소신공양 사진을 실었기에, 그 이미지는 더욱 널리 퍼졌다. 우리나라에서도 1998년 6월 27일에 태고종 충담 스님이 소신공양을 했다고 알려져 있고, 2010년 5월 31일 조계종 문수

스님이 사회적 메시지가 가득한 유서를 남기고 소신공양했을 때도 관련 신문 기사를 접한 기억이 있다.

　이러한 소신공양의 사례에서 한층 놀라웠던 것은 그에 임한 스님들이 대개 자세를 크게 흐뜨리지 않고 결가부좌 상태를 유지했다는 사실이었다. 그러니 내 질문은 커져만 갔다. 그들은 그 심한 고통을 대체 어떻게 견뎠단 말인가. 2007년 〈심리신체의학 저널〉에 실렸던 두 건설 노동자 사례 보고를 접하고서 이 질문은 바뀌었다. "그들은 그 심한 고통을 대체 어떻게 견뎠단 말인가"가 아니라 "그들은 어떻게 고통을 심하게 느끼지 않을 수 있었나"로.

그 두 노동자 중 한 사람인 29세 청년은 일을 하다가 그만 잘못하여 거의 18센티미터나 되는 못 위로 뛰어내리게 되었다. 그 못은 장화를 관통하여 반대쪽으로 비죽 튀어나왔고, 그 청년은 극한의 고통을 느끼며 비명을 질러댔다. 곧바로 응급실에 실려가 치료를 받았는데, 이게 무슨 일인가. 정작 장화를 벗겨보니, 아무런 핏자국도 없는 것이 아닌가. 그 대못은 발가락 사이의 빈틈을 지나가서 정작 발에 상처를 주지 않았던 것이다. 기적처럼 운이 좋았던 셈이다. 그러나 그가 느낀 강렬한 고통은 진짜였다. 상처 없이 고통을 느끼다니, 이게 어찌된 일인가. 연구에 따르면, 과거의 경험과 위험한 작업 환경과 동료들의 심각한 얼굴 표정 등이 일조한 결과, 그의 뇌가 그만한 고통을 느끼도록 '결정'한 결과였다.

콜로라도에 있던 다른 한 명의 건설 노동자는 네일건(nail gun)을 가지고 못을 박던 와중에 못이 그만 반대 방향으로 발사되는 일이 일어났다. 그 순간 그는 못 하나가 그를 지나쳐 날아가 건너편 벽에 박히는 것을 보았다. 그 당시 그는 두통과 치통을 경미하게 느끼기는 했으나 대수롭지 않게 여기고 6일 동안이나 평소와 다름없이 생활했다. 6일 만에 그 가벼운

치통을 처리하기 위해 치과에 들르자 치과의사는 검진 결과 약 10센티미터짜리 못이 그의 얼굴에 박혀 있다고 말했다. 이것이 대체 어찌된 일일까. 어떻게 그는 못이 자기 얼굴에 박혔다는 사실을 인지하지 못할 수 있었을까. 얼굴에 못이 박혔는데 어떻게 심한 고통을 느끼지 않을 수 있었을까. 못 하나가 스쳐 날아가 건너편 벽에 박혔다는 시각 정보를 접수한 그의 뇌는 못이 그의 얼굴에 박히지 않았다고 판단했고, 따라서 (다른 못이 얼굴에 박혔다는 사실을 모르고) 대단한 고통을 느낄 필요가 없다고 '결정'한 것이었다.

캘리포니아대학교에서 고통 관련 심리 기제를 연구하는 학자인 레이첼 조프니스(Rachel Zoffness)는 이 두 사례를 통해 고통과 상처는 별개의 것이라고 결론 내린다. 그에 따르면 특히 만성적인 고통은 그저 개인 신체의 증상에 그치는 현상이 아니다. 그것은 신체 해당 부위의 즉각적인 반응이라기보다는 뇌의 판단을 거친 복합적인 경험이다. 즉 뇌는 매번 여러 관련 정보를 수합하여 이번에는 어느 정도 고통을 느낄지 스스로 판단한다는 것이다. 그러한 뇌의 판단에는 자신의 정체성, 환경 등 사회적 맥락까지 깊이 연루되어 있다.

이 이야기를 들은 나는 우리가 고통의 수동적인 피해자에 머물지 않고 능동적인 주인이 될 수 있을지도 모르겠다는 생각을 하게 되었다. 고통에 관련된 뇌의 판단 과정을 깊이 이해하고 통제할 수 있으면 어쩌면 우리는 고통의 크기를 결정할 수 있을지도 모른다. 적어도 고통을 좀 더 잘 다루게 될 수 있을지도 모른다. 소신공양을 해낸 스님들은 어쩌면 자기 뇌를 그렇게 통제할 수 있었던 사람들이 아닐까. 그리하여 고통을 참기보다는 고통을 덜 느끼는 데 성공한 사람들이 아니었을까. 이런 생각을 하면서 나는 소신공양뿐 아니라 역사상 존재해온 순교 행위를 좀 더 납득할 수 있게 되었다. 인간은 어쩌면 고통에 능동적인 존재가 될 수 있을지 모른다. 나같이 한심한 사람도 뜨거운 라면 냄비를 잘 옮기게 될지 모른다.

실로 인류 문명사의 상당 부분은 고통을 다루어온 역사이기도 하다. 로마의 영웅들은 영웅 됨을 드러내기 위해 고통을 기꺼이 감내했고, 중세 수도원 사람들은 속죄를 위해 고통을 적극적으로 추구하기까지 했다. 고통의 회피와 쾌락의 추구를 긍정했던 에피쿠로스와 루크레티우스의 사상이 어떻게 유럽 문화 속에서 억압되었는지를 추적한 영문학자 스티븐 그린블랫은 이렇게 말한다. "서구 역사에 나타난 엄청난 문화적 전환의 하나는 바로 이것, 고통에의 추구가 쾌락에의 추구를 누르고 승리한 것이다." 이것이 어디 서양만의 일일까. 고통의 회피와 쾌락의 추구를 대놓고 설파한 고대 중국의 양주(楊朱) 사상은 오랫동안 '이단시'되었다.

그런데 이것은 이상하지 않은가. 인간이 고통을 피하고

쾌락을 좇는 것은 너무 자연스럽지 않은가. 인간은 달면 삼키고 쓰면 뱉지 않는가. 그러나 인간 문명의 상당 부분은 쾌락을 절제하고 고통을 감수함에 의해 발달한 것 역시 사실이다. 달면 무작정 삼키고 쓰면 무작정 뱉는 행동에 대한 경고를 통해 문명이 발전했다. 실로 고통은 꼭 나쁜 것만은 아니다. 인간은 고통을 피하고 싶어 하는 존재이지만, 고통을 감수함을 통해 보다 나은 상태로 나아가고 싶어 하는 존재이기도 하다. 그러니 고통은 양날의 칼이며, 조심스럽게 다루어야 할 위험한 친구다.

고통이란 친구가 위험하다고 해서 쾌락만 벗하면 결국 권태라는 또 다른 위험한 친구가 찾아온다. 쾌락은 지속되지 않으며, 이완은 무기력으로 이어지고, 휴식은 권태로워지기 시작한다. 어느 시점에 이르면 사람들은 마침내 휴식하기를 멈추고 일하기를 원하며, 이완하기를 그치고 긴장하기를 원하며, 권태로운 쾌락에서 벗어나 고통받기를 원한다. 마치 달리기 운동을 결심한 사람처럼. 달리기는 고통스러운 일이지만, 운동으로서 달리기는 결국 몸에게 보다 나은 상태를 선물할 것이며, 그러기에 사람들은 달리기의 고통을 감수한다.

불을 잘 다루어야 익힌 음식을 먹을 수 있듯이, 고통이란 불을 잘 다루어야 보다 나은 문명을 누릴 수 있다. 남는 질문은 과연 어떤 고통, 어떤 긴장, 어떤 노동이냐는 것이다. 인간은 무의미한 고통을 싫어한다. 고통이 무의미할 때 그 고통은 한층 더 고통스럽게 느껴진다. 그러나 의미 있는 고통이라면 더 큰 고통도 감내할 수 있다. 그리고 그 고통은 개인적인 것이기도 하지만 사회적인 것이기도 하다. 인간은 가입하기 어렵고 고통스러웠던 단체에 더 충성심을 보이는 경향이 있다고 사회과학자 욘 엘스터는 말한 적이 있다. 한국이라는 사회가 시시각각으로 분해되어가는 오늘날, 고통스럽더라도 기꺼이 그 고통을 감내하고 싶어지는 새로운 분투, 그 분투를 독려할 새로운 비전이 필요한 게 아닐까. 그 분투 속에서 한국은 기꺼이 살고 싶은 곳으로 변할 것이다.

도판 목록

의 책《프랑스 혁명사(The History of France from the Earliest Times to the Year 1789)》중 〈교황 보니파시오 8세의 빰을 때리는 시아라 콜로나 (Slapping Pope Boniface VIII in the face)〉, 1883년, 런던, 샘슨 로 앤 컴퍼니 출판사.

한국의 보편과 특수: 천주당에 가서 그림을 보다

85쪽　알브레히트 뒤러(Albrecht Dürer), 〈매장(The Entombment)〉, 1512년, 11.7×7.4cm, 뉴욕, 메트로폴리탄 미술관.

86~87쪽　얀 호사르트(Jan Gossaert), 〈애도(The Lamentation)〉, 1520년대, 27.7× 30.5cm, 베를린, 베를린 박물관.

88~89쪽　피에트로 페루지노(Pietro Perugino), 〈피에타(Pietà)〉, 1490년, 168× 176cm, 피렌체, 우피치 미술관.

89쪽　로히어르 판 데르 베이던(Rogier van der Weyden), 〈십자가에서 내려 지는 그리스도(The Descent from the Cross)〉중 일부, 1435년, 220× 262cm, 마드리드, 프라도 미술관.

한국의 유사종교: 유교랜드

93쪽　사진 김영민.

94~95쪽　사진 김영민.

97쪽　사진 김영민.

한국의 식민 체험: 침탈, 동화, 정체성

121쪽　앙투안 드 생텍쥐페리(Antoine de Saint-Exupéry), 《어린 왕자(Le Petit Prince)》중 코끼리 삽화, 1943년, 파리, 갈리마르 출판사.

122쪽　진몽뢰(陳夢雷), 《고금도서집성 (古今圖書集成)》중 〈파사도(巴蛇圖)〉, 1728년, 위키미디어 커먼스.

한국의 민주주의: 소년이 온다

144~145쪽　하나부사 잇초(英一蝶), 〈구상도(九相圖)〉중 일부, 18세기, 위키미디어 커먼스.

한국의 혁명: 혁명을 끝내는 법

154~155쪽　　마이크 니콜스(Mike Nichols) 감독, 〈졸업(The Graduate)〉(1967) 스틸컷.

한국의 시민사회: 시민사회의 자율성을 찾아서

162~163쪽　　민주화운동기념사업회 제공.

166쪽　　요제프 단하우저(Josef Danhauser), 〈신문 읽는 사람들(Newspaper Readers)〉, 1840년, 11.7×7.4cm, 빈, 오스트리아 미술관.

한국의 이민: 테세우스의 배는 어디에

198~199쪽　　작자 미상, 크레타섬의 미궁에 관한 이야기를 묘사한 그림, 1460~1470년경, 런던, 대영박물관.

202~203쪽　　앙겔리카 카우프만(Angelika Kauffmann), 〈테세우스에게 버림받은 아리아드네(Ariadne Abandoned by Theseus)〉, 1774년, 64.7×88.9cm, 휴스턴, 휴스턴 미술관.

204쪽　　앙겔리카 카우프만(Angelika Kauffmann), 〈테세우스에게 버림받은 아리아드네(Ariadne Abandoned by Theseus)〉, 1782년, 88×70.5cm, 드레스덴, 알테 마이스터 회화관.

한국의 사진: 한국 주제의 전시에 가다

209쪽　　1994년 미국 투손 피마대학 갤러리에서 열린 사진전 초대장, 구본창 제공.

210쪽　　2023년 미국 투손 크리에이티브 사진센터에서 열린 사진전 포스터, 사진 김영민.

212~213쪽　　권도연, 〈북한산, 검은 입〉, 2019년, 89×133.6cm, 서울, 국립현대미술관. ©권도연

한국의 건축: 자유의 여신상을 보다

216~217쪽　　프랭클린 J. 샤프너(Franklin J. Schaffner) 감독, 〈혹성탈출(Planet of the Apes)〉(1968) 스틸컷.

218쪽　　브래디 코베(Brady Corbet) 감독, 〈브루탈리스트(The Brutalist)〉(2024)

포스터.

220~221쪽   칼만 룩스(Kallman Lux)&맥키넬(McKinnell), 보스턴 시청사, 1969년.
            ⓒBoston Globe.

223쪽   사진 김영민.

한국의 소원: 누군가의 소원을 본다는 것은

230쪽   캔디 창(Candy Chang), '죽기 전에(Before I Die)' 공공 예술 프로젝트,
            2011년, 사진 김영민.

한국의 보수: 〈그랜 토리노〉를 권한다

278~279쪽   클린트 이스트우드(Clint Eastwood) 감독, 〈그랜 토리노(Gran Tori-
            no)〉(2008) 스틸컷.

에필로그

290쪽   '레이지 어게인스트 더 머신(Rage Against the Machine)' 1집 〈레이지
            어게인스트 더 머신〉(1992) 앨범 커버, 소니 뮤직 엔터테인먼트.

- 신간, 전시회, 답사, 강연, 북클럽, 특별 프로젝트 등 김영민 작가 관련 소식을 받고 싶은 독자분은 아래를 참고 바랍니다.

  메일링 리스트   homobullahomobulla@gmail.com으로 자신의 이메일 주소를 보내주시면 김영민 작가 소식용 메일링 리스트에 가입됩니다.

  인스타그램   kimyoungmin_photo_archive

한국이란 무엇인가

초판 1쇄 발행 2025년 4월 10일
초판 2쇄 발행 2025년 4월 17일

지은이 김영민
발행인 김형보
편집 최윤경, 강태영, 임재희, 홍민기, 강민영, 송현주, 박지연
마케팅 이연실, 송신아, 김보미   **디자인** 송은비   **경영지원** 최윤영, 유현

발행처 어크로스출판그룹(주)
출판신고 2018년 12월 20일 제 2018-000339호
주소 서울시 마포구 동교로 109-6
전화 070-5080-4113(편집) 070-8724-5871(영업)   **팩스** 02-6085-7676
이메일 across@acrossbook.com   **홈페이지** www.acrossbook.com

ⓒ 김영민 2025

ISBN 979-11-6774-200-1   03100

만든 사람들
편집 강태영   **교정** 윤정숙   **디자인** 이지선